초등 방과 후
한자

초등 방과 후 한자

박두수 지음

송진섭·이병호·강혜정 선생님 추천

ᆫ 중앙에듀북스

안녕하세요? 박두수입니다.

❗ 한자는 왜 공부해야만 할까요?

- 한자는 세계 인구의 26%가 사용하는 동양권의 대표문자입니다.
- 우리말의 70% 이상을 차지하고 있는 것이 한자어입니다.

❗ 한자를 잘하면 왜 공부를 잘하게 될까요?

- 한자는 풍부한 언어 문자 생활과 다른 과목의 학습을 도와주는 역할을 합니다.
- 중학교 1학년 기본 10개 교과목에 2,122자의 한자와 약 14만 번의 한자어가 나옵니다.
- 한자 표기를 통한 학습을 통해서 43%가 학업 성적이 향상되었습니다.

❗ 쓰기 및 암기 위주의 한자 학습, 이제 바뀌어야 합니다.

한자는 만들어진 원리를 생각하며 학습하면 쉽게 익힐 수 있습니다.

예	休(쉴 휴) = 亻(사람 인) + 木(나무 목) **사람**(亻)이 햇빛을 피해서 **나무**(木)에 기대어 쉰다는 뜻입니다.

"선생님! 해도 해도 안 돼요. 한자가 너무 어려워요."

이렇게 말하면서 울먹이던 어린 여학생의 안타까운 눈망울을 바라보며 '어떻게 하면 한자를 쉽게 익힐 수 있을까?' 오랜 시간 기도하며 연구하였습니다.

부디 《초등 학습 한자》가 한자와 친해지는 계기가 되고, 여러분의 한자 공부에 많은 도움이 되기를 진심으로 기도합니다.

오랫동안 한자를 가르쳐 주신 아버지 박영 훈장님과 주야로 기도해 주신 어머니 송숙희 권사님, 그리고 《초등 학습 한자》가 출간될 수 있도록 도움을 주신 모든 분들께 진심으로 사랑과 감사의 뜻을 전합니다.

박두수 올림

부수도 모르고 한자를 공부한다구요?

1. 처음 한글을 어떻게 배우는지 생각해 보세요.

한글은 먼저 자음과 모음을 배우고 자음과 모음을 결합해서 글자를 배웁니다. 한글은 자음과 모음이 기본입니다.

2. 또 영어는 처음에 무엇부터 배우는지 생각해 보세요.

영어는 먼저 알파벳을 배우고 알파벳을 결합해서 단어를 배웁니다. 영어는 알파벳이 기본입니다.

3. 그런데 한자는 부수도 모르고 배운다구요?

한자는 부수가 기본입니다. 한자는 부수를 결합하여 만든 글자입니다.

4. 다음의 한자를 익혀 보세요.

間(사이 간), 問(물을 문), 聞(들을 문), 閉(닫을 폐), 開(열 개), 閑(한가할 한), 閣(집 각), 關(빗장 관)
어때요? 잘 외워지지도 않고 또 외웠다 하더라도 모양이 비슷해서 많이 헷갈리지요? 그래서 한자는 무조건 외우는 것이 아닙니다.

5. 그럼 한자는 어떻게 공부해야 할까요?

한자는 무조건 쓰면서 외우는 것이 아닙니다. 한자는 만들어진 원리가 있습니다. 한자는 부수를 결합해서 만든 글자입니다. 그러니 한글의 자음과 모음처럼, 또 영어의 알파벳처럼 한자는 부수부터 공부해야 합니다.

6. 이제는 부수를 이용해서 이렇게 공부해 볼까요?

間(사이 간) = 門(문 문) + 日(해 일)　　　문(門) 사이로 햇빛(日)이 들어오니

問(물을 문) = 門(문 문) + 口(입 구)　　　문(門)에 대고 입(口) 벌려 물으니

聞(들을 문) = 門(문 문) + 耳(귀 이)　　　문(門)에 귀(耳)를 대고 들으니

閉(닫을 폐) = 門(문 문) + 才(재주 재)　　고장 난 문(門)을 재주껏(才) 닫으니

1. 기존 214자의 부수를 160자로 새로 정리하였습니다.

모양이 비슷한 부수는 통합하고, 잘 쓰이지 않는 부수는 제외하였습니다.

2. 부수의 뜻과 음을 새로 정리하였습니다.

● 一은 그동안 **하나**라는 뜻으로만 알고 있었습니다. 그러나 이 책에서는 一(한 일, 하늘 일, 땅 일)이라는 뜻으로 새로 정리하였습니다.

하나(一) 더하기 둘(二)은? 셋

하늘(一)과 통하는 **사람**(人)은 지위가 크고 위대하다는 뜻입니다.

해(日)가 땅(一) 위로 떠오를 때는 아침이니

● 二도 그동안 **둘**이라는 뜻으로만 알고 있었습니다. 그러나 이 책에서는 二(둘 이, 하늘땅 이)라는 뜻으로 새로 정리하였습니다.

二	+	儿	=	元
하늘땅 이		걷는 사람 인		으뜸 원

하늘땅(二)의 많은 생물 중에서 걷는 **사람**(儿)이 으뜸이니

3. 새로운 모양의 부수를 발견하여 정리하였습니다.

이 책에서는 그동안 우리가 몰랐던 부수를 새로 발견하여 정리하였습니다.

사람(亻)은 땅(土)에서 태어나 살아간다는 뜻입니다.

신에게 소(牛)를 제물로 바치고 입(口)으로 소원을 고하여 알린다는 뜻입니다.

초등 학습 한자를 왜 출간하게 되었는가?

1. 우리나라 초등학생들의 국어 어휘실력이 부족하여 원활한 의사소통은 물론 교과서에 나오는 단어의 뜻조차도 잘 모른다고 합니다. 우리말의 70% 이상이 한자어이며, 중학교 1학년 교과서에 약 14만 번의 한자어가 나오고, 한자 표기를 통한 학습을 통해서 43%가 학업 성적이 향상된 결과로 보아 한자는 꼭 배워야 합니다.

2. 한자는 무려 10만자가 넘는다고 합니다. 이 중에서 초등학생이 몇 글자를 배우고 또 어떤 글자를 배워야 하는지 기준이 없습니다. 그리고 2019년부터 초등학교 5, 6학년 교과서에 한자 병기를 합니다.

3. 현재 초등학생이 꼭 알아야 할 한자와 또 초등학생의 눈높이에 알맞은 한자교재가 없습니다.

4. 그래서 한자를 담당하는 선생님은 성인용 한자 교재를 선정하거나 여러 교재를 조합하여 한자를 가르치고 있는 것이 현실입니다.

초등 학습 한자의 특징	❶ 초등학교 전 학년의 모든 교과서를 분석하고, 또 일상생활에서 자주 사용하는 한자어를 선별하여 초등학생이 꼭 알아야 할 한자를 선정하였습니다. ❷ 한자를 쉽고 재미있게 익히기 위하여 새로운 뜻과 새로운 모양의 부수 160자를 정리하였습니다. ❸ 한자를 외우지 않고 이해할 수 있도록 부수를 이용해서 이야기 식으로 풀어서 설명하였습니다. ❹ 기존의 복잡하고 어려운 한자를 쓰는 순서와 달리 이해하기 쉽고, 쓰기 편하게 필순을 바꿨습니다. ❺ 초등학생의 눈높이에 맞추어서 한자를 쉽게 풀이했습니다. ❻ 중학생이 되기 전 또는 중학생이라면 기본적으로 꼭 알아야 할 한자어를 포함하고 있습니다.

3-1 신습한자

읽기? 뜻, 음을 가리고 읽어본 후 틀린 글자는 V표 하세요.
한자를 가리고 써본 후 틀린 글자는 V표 하세요. 쓰기?

읽기 1	읽기 2	한자	부수	뜻	음	쓰기 1	쓰기 2
		友	又	벗	우		
		有	月	있을	유		
		左	工	왼쪽	좌		
		右	口	오른쪽	우		
		石	石	돌	석		
		川	川	내	천		
		州	川	고을	주		
		分	刀	나눌	분		
		公	八	공평할	공		
		共	八	함께	공		
		士	士	선비	사		
		仕	亻	벼슬	사		
		仙	亻	신선	선		
		位	亻	자리	위		
		不	一	아닐	불		

읽기 1	읽기 2	한자	부수	뜻	음	쓰기 1	쓰기 2
		王	王	임금	왕		
		主	丶	주인	주		
		住	亻	살	주		
		注	氵	부을	주		
		足	足	발	족		
		化	匕	변화할	화		
		花	艹	꽃	화		
		同	口	같을	동		
		洞	氵	마을	동		
		全	入	온전할	전		
		本	木	근본	본		
		李	木	오얏	리		
		邑	邑	고을	읍		
		色	色	빛	색		
		言	言	말씀	언		

읽기? 뜻, 음을 가리고 읽어본 후 틀린 글자는 V표 하세요.
한자를 가리고 써본 후 틀린 글자는 V표 하세요. 쓰기?

읽기 1	읽기 2	한자	부수	뜻	음	쓰기 1	쓰기 2
		牛	牛	소	우		
		件	亻	물건	건		
		午	十	낮	오		
		許	言	허락할	허		
		計	言	셀	계		
		記	言	기록할	기		
		訓	言	가르칠	훈		
		語	言	말씀	어		
		話	言	말씀	화		
		活	氵	살	활		
		冬	冫	겨울	동		
		各	口	각각	각		
		路	足	길	로		
		格	木	격식	격		
		客	宀	손님	객		

읽기 1	읽기 2	한자	부수	뜻	음	쓰기 1	쓰기 2
		落	艹	떨어질	락		
		車	車	수레	거		
		軍	車	군사	군		
		運	辶	옮길	운		
		身	身	몸	신		
		秋	禾	가을	추		
		利	刂	이로울	리		
		科	禾	과목	과		
		和	口	화할	화		
		加	力	더할	가		
		米	米	쌀	미		
		料	斗	헤아릴	료		
		氣	气	기운	기		
		汽	氵	김	기		
		風	風	바람	풍		

읽기? 뜻, 음을 가리고 읽어본 후 틀린 글자는 V표 하세요.
한자를 가리고 써본 후 틀린 글자는 V표 하세요. **쓰기?**

읽기 1	읽기 2	한자	부수	뜻	음	쓰기 1	쓰기 2
		古	口	오랠	고		
		苦	艹	쓸	고		
		固	口	굳을	고		
		國	口	나라	국		
		前	刂	앞	전		
		姓	女	성	성		
		性	忄	성품	성		
		品	口	물건	품		
		區	匸	구분할	구		
		後	彳	뒤	후		
		今	人	이제	금		
		念	心	생각	념		
		合	口	합할	합		
		答	竹	대답할	답		
		給	糸	줄	급		

읽기 1	읽기 2	한자	부수	뜻	음	쓰기 1	쓰기 2
		洗	氵	씻을	세		
		浴	氵	목욕할	욕		
		理	王	다스릴	리		
		現	王	나타날	현		
		規	見	법	규		
		良	艮	좋을	량		
		朗	月	밝을	랑		
		食	食	밥	식		
		飮	食	마실	음		
		春	日	봄	춘		
		雨	雨	비	우		
		雪	雨	눈	설		
		電	雨	번개	전		
		雲	雨	구름	운		
		夏	夂	여름	하		

읽기? 뜻, 음을 가리고 읽어본 후 틀린 글자는 V표 하세요.
한자를 가리고 써본 후 틀린 글자는 V표 하세요. 쓰기?

읽기		한자	부수	뜻	음	쓰기	
1	2					1	2
		美	羊	아름다울	미		
		養	食	기를	양		
		樂	木	즐거울	락		
		藥	艹	약	약		
		長	長	길	장		

읽기		한자	부수	뜻	음	쓰기	
1	2					1	2
		魚	魚	물고기	어		
		漁	氵	고기 잡을	어		
		靑	靑	푸를	청		
		淸	氵	맑을	청		
		情	忄	뜻	정		

1

ナ + 又

손 우   손 우

벗 우

손(ナ)과 손(又)을 잡고 악수하는 벗

*친하게 지내는 사람끼리 손을 잡고 악수한다는 뜻입니다.

友

- 交友(교우) : 벗을 사귐
- 學友(학우) : 학교에서 함께 공부하는 벗

2

ナ + 月

손 우   몸 월

있을 유

손(ナ)은 몸(月)에 달려 있어유

有

- 有力(유력) : 힘이나 재산이 있음
- 有名(유명) : 이름이 널리 알려져 있음

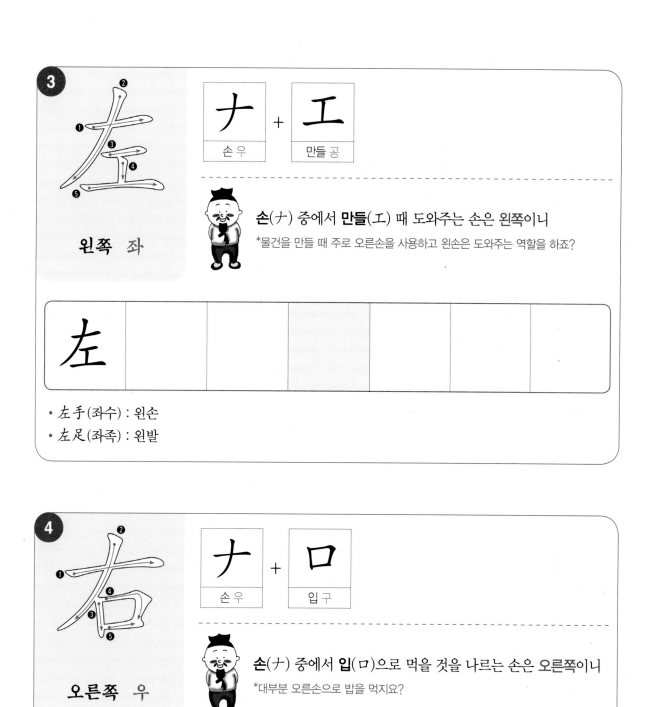

3

ナ + エ
손 우   만들 공

손(ナ) 중에서 **만들**(エ) 때 도와주는 손은 왼쪽이니

*물건을 만들 때 주로 오른손을 사용하고 왼손은 도와주는 역할을 하죠?

왼쪽 좌

左

• 左手(좌수) : 왼손
• 左足(좌족) : 왼발

4

ナ + 口
손 우   입 구

손(ナ) 중에서 **입**(口)으로 먹을 것을 나르는 손은 오른쪽이니

*대부분 오른손으로 밥을 먹지요?

오른쪽 우

右

• 右手(우수) : 오른손
• 左右(좌우) : 왼쪽과 오른쪽

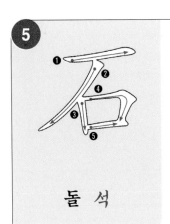

5

돌 석

 바위(厂) 밑에 있는 돌(口) 모양

石						

- 立石(입석) : 선돌
- 木石(목석) : 나무와 돌

알림마당

알맞게 연결하세요.

友 ·   · 벗 우

有 ·   · 왼쪽 좌

左 ·   · 오른쪽 우

右 ·   · 돌 석

石 ·   · 있을 유

낙서판

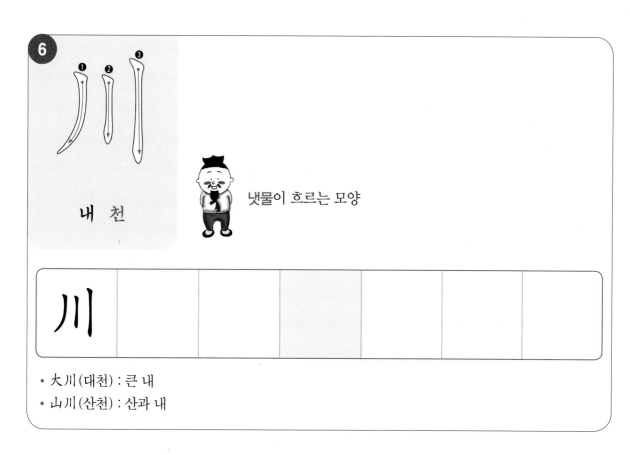

6

내 천

냇물이 흐르는 모양

川						

- 大川(대천) : 큰 내
- 山川(산천) : 산과 내

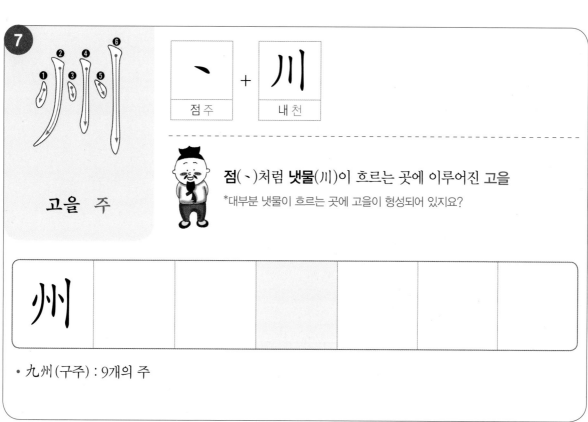

7

고을 주

丶
점주

+

川
내 천

점(丶)처럼 냇물(川)이 흐르는 곳에 이루어진 고을

*대부분 냇물이 흐르는 곳에 고을이 형성되어 있지요?

州						

- 九州(구주) : 9개의 주

8 分

나눌 분

八 + 刀
나눌 팔   칼 도

나눌(八) 때는 칼(刀)로 나누니
*칼로 나눈다는 뜻입니다.

分						

- 二分(이분) : 둘로 나눔
- 分校(분교) : 본교와 떨어진 다른 지역에 따로 세운 학교

9 公

공평할 공

八 + 厶
나눌 팔   사사로울 사

나누어(八) 사사로움(厶)을 떨쳐버려야 공평하니
*개인적인 욕심을 나누어 떨쳐버려야 공평하다는 뜻입니다.

公						

- 公人(공인) : 국가나 사회를 위하여 일하는 사람
- 公金(공금) : 개인의 돈이 아닌 어떤 조직이나 모임의 구성원 전체가 공동으로 소유하는 돈

10

함께 공

廾 + 一 + 八
스물입 한일 나눌팔

스물(廾) 한(一) 명이 나누어(八) 함께하니
*일을 스물 한 명이 나누어 함께한다는 뜻입니다.

共

- 共生(공생) : 함께 삶
- 公共(공공) : 국가나 사회의 구성원에게 두루 관계되는 것

알림 마당

알맞게 연결하세요.

낙서판

川 ·
州 ·
分 ·
公 ·
共 ·

· 나눌 분
· 공평할 공
· 함께 공
· 내 천
· 고을 주

♣ 한자 밑에 뜻과 음을 쓰고, 염 (　　　)에는 알맞은 부수를 쓰세요.

友
(　　　)
손(　　)과 손(　　)을 잡고 악수하는 벗

有
(　　　)
손(　　)은 몸(　　)에 달려 있어유

左
(　　　)
손(　　) 중에서 만들(　　) 때 도와주는 손은 왼쪽이니

右
(　　　)
손(　　) 중에서 입(　　)으로 먹을 것을 나르는 손은 오른쪽이니

石
(　　　)
바위(厂) 밑에 있는 돌(口) 모양

川
(　　　)
냇물이 흐르는 모양

州
(　　　)
점(　　)처럼 냇물(　　)이 흐르는 곳에 이루어진 고을

分
(　　　)
나눌(　　) 때는 칼(　　)로 나누니

公
(　　　)
나누어(　　) 사사로움(　　)을 떨쳐버려야 공평하니

共
(　　　)
스물(　　) 한(　　) 명이 나누어(　　) 함께하니

♣ 숫자 순서대로 부수를 결합하여 한자를 만들고 옆에 뜻과 음을 쓰세요.

① 𠂇　② 又　③ 月　④ 工　⑤ 口　⑥ 石

1. ① + ② =

2. ① + ③ =

3. ① + ④ =

4. ① + ⑤ =

5. ⑥ =

① 川　② 州　③ 八　④ 刀　⑤ 厶　⑥ 廾　⑦ 一

6. ① =

7. ② =

8. ③ + ④ =

9. ③ + ⑤ =

10. ⑥ + ⑦ + ③ =

♣ 다음 한자어의 독음을 쓰세요.

交 友	學 友	有 力
有 名	左 手	左 足
右 手	左 右	立 石
木 石	大 川	山 川
九 州	二 分	分 校
公 人	公 金	共 生
公 共		

♣ 다음 한자어를 한자로 쓰세요.

사귈 교　벗 우	학교 학　벗 우	있을 유　힘 력
있을 유　이름날 명	왼쪽 좌　손 수	왼쪽 좌　발 족
오른쪽 우　손 수	왼쪽 좌　오른쪽 우	설 립　돌 석
나무 목　돌 석	큰 대　내 천	산 산　내 천
아홉 구　고을 주	둘 이　나눌 분	나눌 분　학교 교
공평할 공　사람 인	공평할 공　돈 금	함께 공　살 생
공평할 공　함께 공		

21

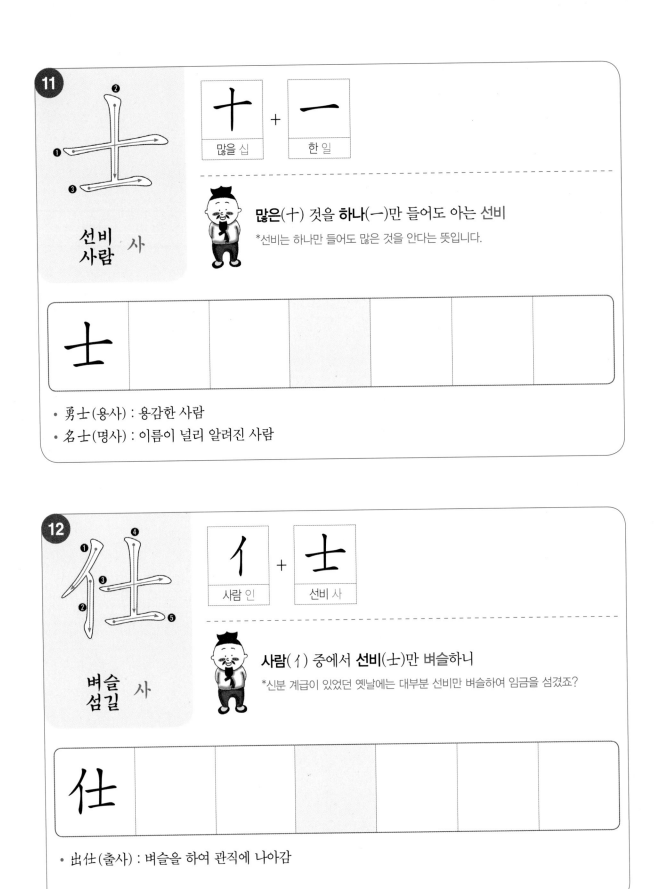

11

선비
사람 **사**

많을 십 + 한 일

많은(十) 것을 **하나(一)**만 들어도 아는 **선비**

*선비는 하나만 들어도 많은 것을 안다는 뜻입니다.

士

• 勇士(용사) : 용감한 사람
• 名士(명사) : 이름이 널리 알려진 사람

12

벼슬
섬길 **사**

사람 인 + 선비 사

사람(亻) 중에서 **선비(士)**만 **벼슬**하니

*신분 계급이 있었던 옛날에는 대부분 선비만 벼슬하여 임금을 섬겼죠?

仕

• 出仕(출사) : 벼슬을 하여 관직에 나아감

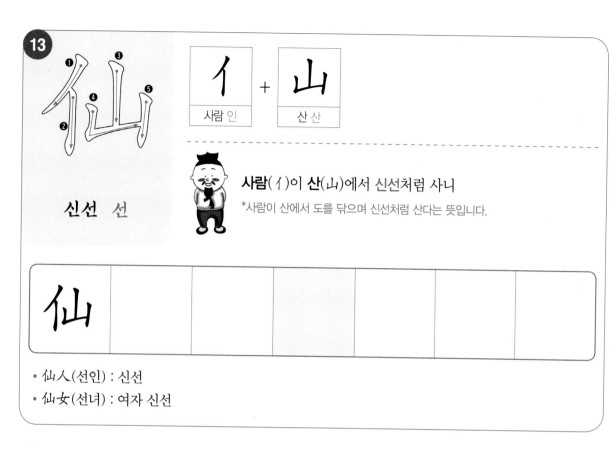

13

신선 선

イ (사람 인) + 山 (산 산)

사람(イ)이 **산**(山)에서 **신선처럼 사니**

*사람이 산에서 도를 닦으며 신선처럼 산다는 뜻입니다.

仙

- 仙人(선인) : 신선
- 仙女(선녀) : 여자 신선

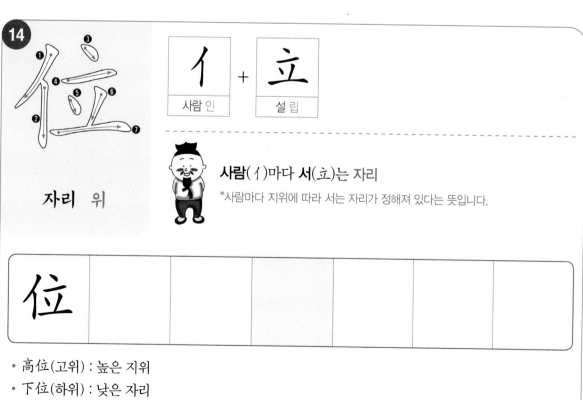

14

자리 위

イ (사람 인) + 立 (설 립)

사람(イ)마다 **서**(효)는 **자리**

*사람마다 지위에 따라 서는 자리가 정해져 있다는 뜻입니다.

位

- 高位(고위) : 높은 지위
- 下位(하위) : 낮은 자리

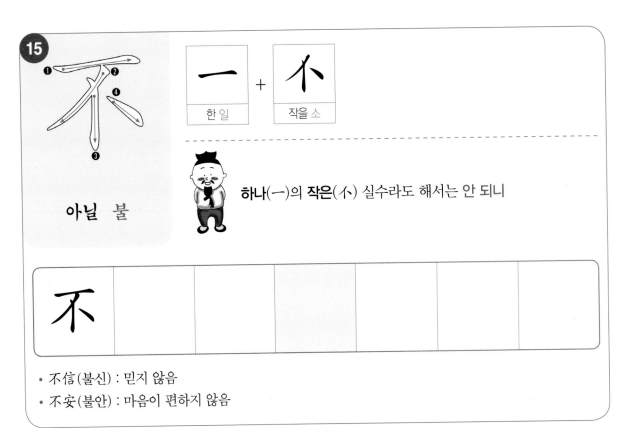

15 아닐 불

一 + 亻
한 일   작을 소

하나(一)의 작은(亻) 실수라도 해서는 안 되니

不						

- 不信(불신) : 믿지 않음
- 不安(불안) : 마음이 편하지 않음

알림마당

알맞게 연결하세요.

낙서판

士 ·   · 자리 위

仕 ·   · 신선 선

仙 ·   · 아닐 불

位 ·   · 선비 사

不 ·   · 벼슬 사

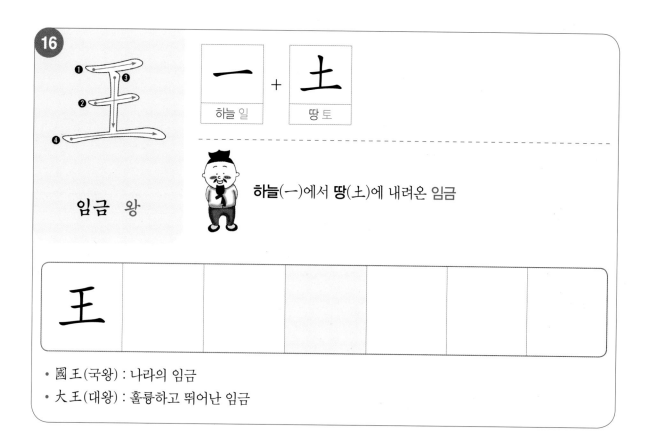

16

一 + 土

하늘 일   땅 토

하늘(一)에서 땅(土)에 내려온 임금

임금 왕

王

• 國王(국왕) : 나라의 임금
• 大王(대왕) : 훌륭하고 뛰어난 임금

17

丶 + 王

불꽃 주   임금 왕

불꽃(丶)을 다루는 왕(王) 같은 주인

주인 주

主

• 主人(주인) : 물건의 임자
• 主食(주식) : 주로 먹는 음식

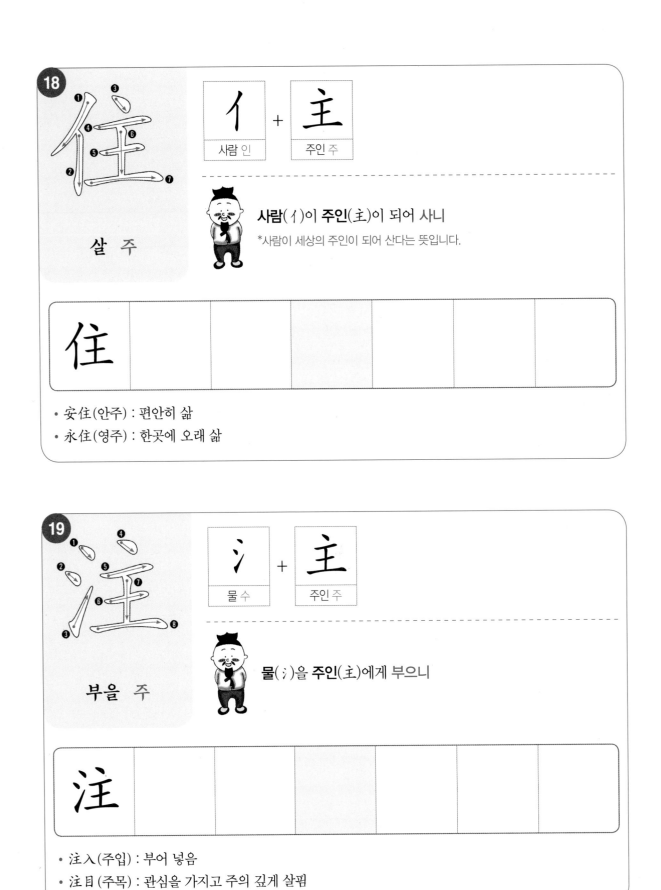

18

住
살 주

イ + 主
사람 인 + 주인 주

사람(イ)이 주인(主)이 되어 사니
*사람이 세상의 주인이 되어 산다는 뜻입니다.

住						

- 安住(안주) : 편안히 삶
- 永住(영주) : 한곳에 오래 삶

19

注
부을 주

氵 + 主
물 수 + 주인 주

물(氵)을 주인(主)에게 부으니

注						

- 注入(주입) : 부어 넣음
- 注目(주목) : 관심을 가지고 주의 깊게 살핌

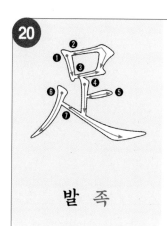

20

발 족

 무릎(口)과 발(止)을 본뜬 모양

足						

- 手足(수족) : 손발
- 足下(족하) : 발 밑

알림마당

알맞게 연결하세요.

王 ·　　　　· 임금 왕

主 ·　　　　· 주인 주

住 ·　　　　· 부을 주

注 ·　　　　· 살 주

足 ·　　　　· 발 족

	+	木	=	休(쉴 휴)
	+	言	=	信(믿을 신)
イ	+	士	=	仕(벼슬 사)
	+	山	=	仙(신선 선)
	+	立	=	位(자리 위)
	+	主	=	住(살 주)

♣ 한자 밑에 뜻과 음을 쓰고, 덤 (　　) 에는 알맞은 부수를 쓰세요.

士
(　　　　)

많은(　　) 것을 하나(　　)만 들어도 아는 선비

仕
(　　　　)

사람(　　) 중에서 선비(　　)만 벼슬하니

仙
(　　　　)

사람(　　)이 산(　　)에서 신선처럼 사니

位
(　　　　)

사람(　　)마다 서(　　)는 자리

不
(　　　　)

하나(一)의 작은(小) 실수라도 해서는 안 되니

王
(　　　　)

하늘(　　)에서 땅(　　)에 내려온 임금

主
(　　　　)

불꽃(　　)을 다루는 왕(　　) 같은 주인

住
(　　　　)

사람(　　)이 주인(　　)이 되어 사니

注
(　　　　)

물(　　)을 주인(　　)에게 부으니

足
(　　　　)

무릎(口)과 발(止)을 본뜬 모양

28

♣ 숫자 순서대로 부수를 결합하여 한자를 만들고 엎에 뜻과 음을 쓰세요.

① 士	② 亻	③ 山	④ 立	⑤ 不

11. ① =

12. ② + ① =

13. ② + ③ =

14. ② + ④ =

15. ⑤ =

① 一	② 土	③ 主	④ 亻	⑤ 氵	⑥ 足

16. ① + ② =

17. ③ =

18. ④ + ③ =

19. ⑤ + ③ =

20. ⑥ =

♣ 다음 한자어의 독음을 쓰세요.

勇 士	名 士	出 仕
仙 人	仙 女	高 位
下 位	不 信	不 安
國 王	大 王	主 人
主 食	安 住	永 住
注 入	注 目	手 足
足 下		

♣ 다음 한자어를 한자로 쓰세요.

_____
용감할 용   사람 사

_____
이름날 명   사람 사

_____
나갈 출   벼슬 사

_____
신선 선   사람 인

_____
신선 선   여자 녀

_____
높을 고   자리 위

_____
아래 하   자리 위

_____
아닐 불   믿을 신

_____
아닐 불   편안할 안

_____
나라 국   임금 왕

_____
큰 대   임금 왕

_____
주인 주   사람 인

_____
주인 주   먹을 식

_____
편안할 안   살 주

_____
오랠 영   살 주

_____
부을 주   들 입

_____
부을 주   눈 목

_____
손 수   발 족

_____
발 족   아래 하

♣ 아래의 빈칸에 한자는 뜻과 음을, 뜻과 음은 한자를 쓰세요.

1~20번 형성평가

友	有	左	右	石	
川	州	分	公	共	士
仕	仙	位	不	王	主
住	注	足		벗 우	있을 유
왼쪽 좌	오른쪽 우	돌 석	내 천	고을 주	나눌 분
공평할 공	함께 공	선비 사	벼슬 사	신선 선	자리 위
아닐 불	임금 왕	주인 주	살 주	부을 주	발 족

21

イ ＋ 匕

사람 인　　구부릴 비

변화할 **화**

사람(イ)은 **구부러져**(匕) **변하니**

*사람은 늙으면 허리가 구부러져 모양이 변한다는 뜻입니다.

化

• 化身(화신) : 몸으로 변화되어 세상에 나오는 일
• 化石(화석) : 동식물의 유해와 흔적이 바위 속에 남아 있는 것

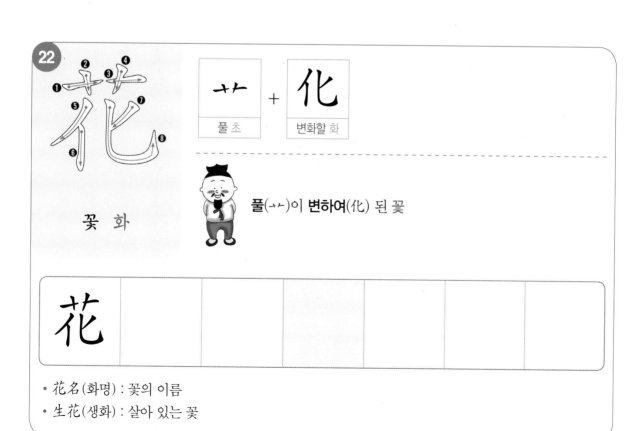

22

艹 ＋ 化

풀 초　　변화할 화

꽃 **화**

풀(艹)이 **변하여**(化) 된 꽃

花

• 花名(화명) : 꽃의 이름
• 生花(생화) : 살아 있는 꽃

23

冂 + 一 + 口

성경   한일   문구

같을 동

성(冂)을 하나(一)의 문(口)으로 같이 다니니

*성에 하나의 출입문을 만들고 그곳으로 같이 다닌다는 뜻입니다.

同

• 同名(동명) : 같은 이름
• 同一(동일) : 서로 똑같음

24

氵 + 同

물수   같을 동

마을 동

물(氵)을 같이(同) 마시고 사는 마을

*옛날에는 마을에 우물이 있어서 같은 물을 마시고 살았지요?

洞

• 洞里(동리) : 마을
• 洞口(동구) : 마을 어귀

25

入 들 입 + 王 임금 왕

온전할 전

 궁에 **들어가(入) 왕(王)**이 되려면 **온전해야** 하니

*궁에 들어가 왕이 되려면 흠이 없이 온전해야 한다는 뜻입니다.

全						

· 全國(전국) : 온 나라
· 安全(안전) : 위험이 생기거나 사고가 날 염려가 없음

알림마당

알맞게 연결하세요.

낙서판

化 ·

花 ·

同 ·

洞 ·

全 ·

· 같을 동

· 변화할 화

· 꽃 화

· 온전할 전

· 마을 동

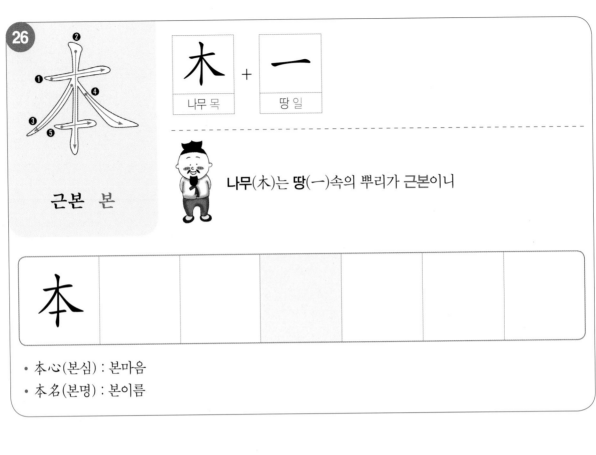

26

木 + 一
나무 목   땅 일

나무(木)는 땅(一)속의 뿌리가 근본이니

근본 본

本

• 本心(본심) : 본마음
• 本名(본명) : 본이름

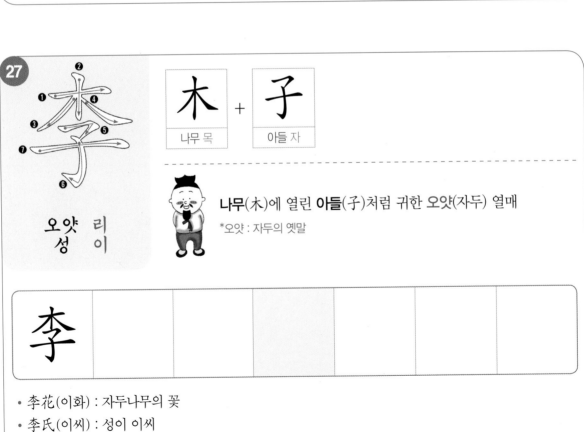

27

木 + 子
나무 목   아들 자

나무(木)에 열린 아들(子)처럼 귀한 오얏(자두) 열매

*오얏 : 자두의 옛말

오얏 리
성   이

李

• 李花(이화) : 자두나무의 꽃
• 李氏(이씨) : 성이 이씨

28

口 + 巴

사람 구   땅 이름 파

고을 읍

사람(口)들이 모여 사는 **땅**(巴)이 고을이니

邑

- 邑內(읍내) : 읍의 안
- 邑長(읍장) : 읍의 우두머리

29

宀 + 巴

쌀 포   땅 이름 파

빛 색

둘러싸인(宀) **땅**(巴)의 빛이 다르니

色

- 白色(백색) : 흰 빛깔
- 同色(동색) : 같은 빛깔

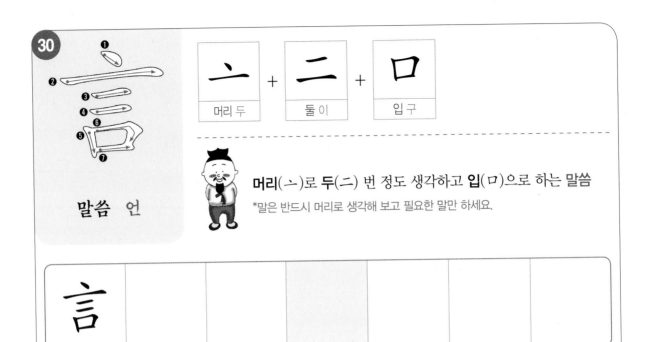

30 말씀 언

亠 + 二 + 口
머리 두 + 둘 이 + 입 구

머리(亠)로 두(二) 번 정도 생각하고 입(口)으로 하는 말씀
*말은 반드시 머리로 생각해 보고 필요한 말만 하세요.

言						

- 言文(언문) : 말과 글
- 言行(언행) : 말과 행동

알림마당

알맞게 연결하세요.

本 •

李 •

邑 •

色 •

言 •

• 오얏 리

• 말씀 언

• 근본 본

• 고을 읍

• 빛 색

낙서판

38

♣ 한자 밑에 뜻과 음을 쓰고, 옆 (   )에는 알맞은 부수를 쓰세요.

化
(   )　　사람(   )은 **구부러져**(   ) 변하니

花
(   )　　풀(   )이 **변하여**(   ) 된 꽃

同
(   )　　성(   )을 **하나**(   )의 **문**(   )으로 같이 다니니

洞
(   )　　물(   )을 **같이**(   ) 마시고 사는 마을

全
(   )　　궁에 **들어가**(   ) **왕**(   )이 되려면 온전해야 하니

本
(   )　　**나무**(   )는 **땅**(   )속의 뿌리가 근본이니

李
(   )　　**나무**(   )에 열린 **아들**(   )처럼 귀한 오얏(자두) 열매

邑
(   )　　**사람**(   )들이 모여 사는 **땅**(   )이 고을이니

色
(   )　　**둘러싸인**(   ) **땅**(   )의 빛이 다르니

言
(   )　　**머리**(   )로 **두**(   ) 번 정도 생각하고 **입**(   )으로 하는 말씀

39

♣ 숫자 순서대로 부수를 결합하여 한자를 만들고 옆에 뜻과 음을 쓰세요.

① 亻 ② 匕 ③ 艹 ④ 化 ⑤ 冂 ⑥ 一 ⑦ 口
⑧ 氵 ⑨ 同 ⑩ 入 ⑪ 王

21. ① + ② =

22. ③ + ④ =

23. ⑤ + ⑥ + ⑦ =

24. ⑧ + ⑨ =

25. ⑩ + ⑪ =

① 木 ② 一 ③ 子 ④ 口 ⑤ 巴 ⑥ 夕 ⑦ 亠 ⑧ 二

26. ① + ② =

27. ① + ③ =

28. ④ + ⑤ =

29. ⑥ + ⑤ =

30. ⑦ + ⑧ + ④ =

化 身	化 石	花 名
生 花	同 名	同 一
洞 里	洞 口	全 國
安 全	本 心	本 名
李 花	李 氏	邑 内
邑 長	白 色	同 色
言 文	言 行	

♣ 다음 한자어를 한자로 쓰세요.

변화할 화 몸 신	변화할 화 돌 석	꽃 화 이름 명
살 생 꽃 화	같을 동 이름 명	같을 동 한 일
마을 동 마을 리	마을 동 입 구	온전할 전 나라 국
편안할 안 온전할 전	근본 본 마음 심	근본 본 이름 명
오얏 리 꽃 화	성 이 성 씨	고을 읍 안 내
고을 읍 어른 장	흰 백 빛 색	같을 동 빛 색
말씀 언 글월 문	말씀 언 행할 행	

42

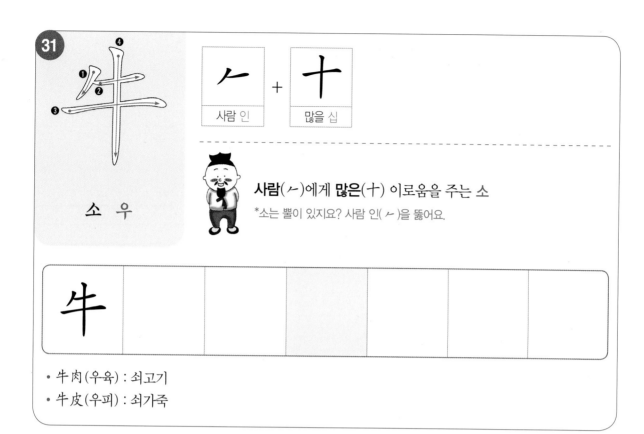

31

牛

소 우

사람 인 ㅅ + 많을 십 十

사람(ㅅ)에게 **많은**(十) 이로움을 주는 소

*소는 뿔이 있지요? 사람 인(ㅅ)을 뚫어요.

牛

• 牛肉(우육) : 쇠고기
• 牛皮(우피) : 쇠가죽

32

件

물건
사건 건

사람 인 イ + 소 우 牛

사람(イ)에게 **소**(牛)는 중요한 물건이니

*사람에게 많은 이로움을 주는 소는 중요한 물건이죠?

件

• 用件(용건) : 볼일
• 件名(건명) : 사건의 이름

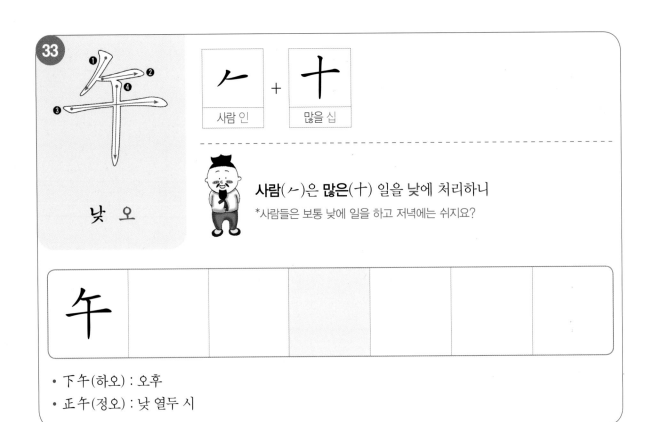

33

낮 오

사람 인 + 많을 십

사람(⺅)은 많은(十) 일을 낮에 처리하니

*사람들은 보통 낮에 일을 하고 저녁에는 쉬지요?

午

- 下午(하오) : 오후
- 正午(정오) : 낮 열두 시

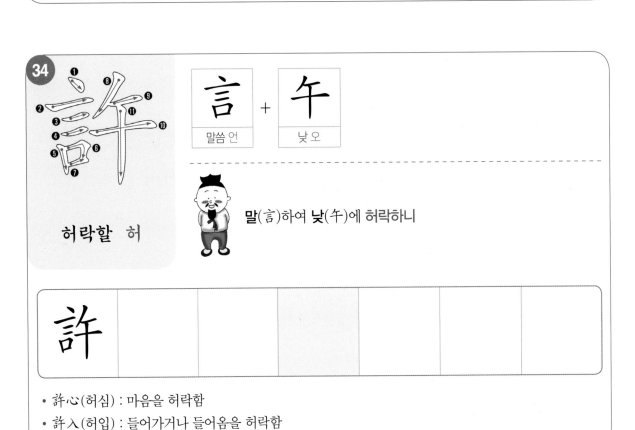

34

허락할 허

말씀 언 + 낮 오

말(言)하여 낮(午)에 허락하니

許

- 許心(허심) : 마음을 허락함
- 許入(허입) : 들어가거나 들어옴을 허락함

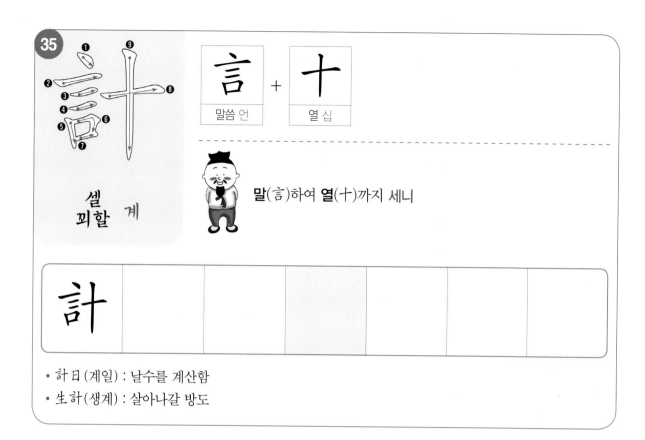

35

言 + 十
말씀 언   열 십

셀
꾀할 계

말(言)하여 열(十)까지 세니

計						

- 計日 (계일) : 날수를 계산함
- 生計 (생계) : 살아나갈 방도

알림마당

알맞게 연결하세요.

낙서판

牛 ·   · 낮 오

件 ·   · 소 우

午 ·   · 셀 계

許 ·   · 물건 건

計 ·   · 허락할 허

36 기록할 기

言(말씀 언) + 己(몸 기)

말(言) 중에 몸(己)이 되는 핵심만 기록하니

記						

- 記入(기입) : 기록하여 넣음
- 日記(일기) : 그날그날 겪은 일이나 생각, 느낌 따위를 기록함

37 가르칠 훈

言(말씀 언) + 川(내 천)

말(言)하여 냇물(川)이 흐르듯 자연스럽게 가르치니

訓						

- 訓示(훈시) : 가르쳐 보임
- 教訓(교훈) : 가르치고 깨우침

38

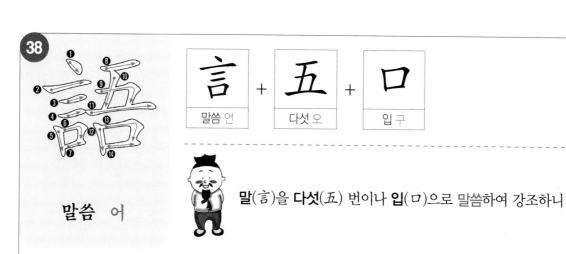

言	+	五	+	口
말씀 언		다섯 오		입 구

말씀 어

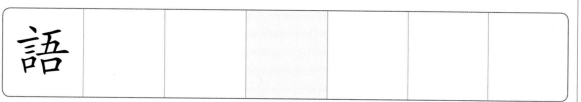

말(言)을 **다섯**(五) 번이나 **입**(口)으로 **말씀**하여 강조하니

語					

- 言語(언어) : 말
- 國語(국어) : 나라의 국민이 쓰는 말

39

言	+	舌
말씀 언		혀 설

말씀
이야기 화

말(言)하려고 **혀**(舌)를 움직여서 하는 **말씀**이나 **이야기**
*혀를 움직여서 말한다는 뜻입니다.

話					

- 話中(화중) : 말하고 있는 도중
- 手話(수화) : 손짓으로 표현하는 의사 전달 방법

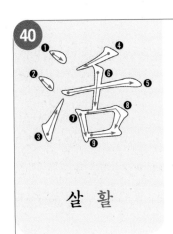

40

살 활

氵 물 수 ＋ 舌 혀 설

물(氵)기가 혀(舌)에 있어야 사니

活					

• 生活(생활) : 살아서 활동함
• 活動(활동) : 몸을 움직여 행동함

알림마당

알맞게 연결하세요.

낙서판

記 •

訓 •

語 •

話 •

活 •

• 기록할 기

• 살 활

• 말씀 어

• 가르칠 훈

• 말씀 화

♣ 한자 밑에 뜻과 음을 쓰고, 덤 (　　) 에는 알맞은 부수를 쓰세요.

牛
(　　　　)
사람(　　)에게 많은(　　) 이로움을 주는 소

件
(　　　　)
사람(　　)에게 소(　　)는 중요한 물건이니

午
(　　　　)
사람(　　)은 많은(　　) 일을 낮에 처리하니

許
(　　　　)
말(　　)하여 낮(　　)에 허락하니

計
(　　　　)
말(　　)하여 열(　　)까지 세니

記
(　　　　)
말(　　) 중에 몸(　　)이 되는 핵심만 기록하니

訓
(　　　　)
말(　　)하여 냇물(　　)이 흐르듯 자연스럽게 가르치니

語
(　　　　)
말(　　)을 다섯(　　) 번이나 입(　　)으로 말씀하여 강조하니

話
(　　　　)
말(　　)하려고 혀(　　)를 움직여서 하는 말씀이나 이야기

活
(　　　　)
물(　　)기가 혀(　　)에 있어야 사니

♣ 숫자 순서대로 부수를 결합하여 한자를 만들고 옆에 뜻과 음을 쓰세요.

① 牛	② 亻	③ 午	④ 言	⑤ 十

31. ① =

32. ② + ① =

33. ③ =

34. ④ + ③ =

35. ④ + ⑤ =

① 言	② 己	③ 川	④ 五	⑤ 口	⑥ 舌	⑦ 氵

36. ① + ② =

37. ① + ③ =

38. ① + ④ + ⑤ =

39. ① + ⑥ =

40. ⑦ + ⑥ =

牛 肉	牛 皮	用 件
件 名	下 午	正 午
許 心	許 入	計 日
生 計	記 入	日 記
訓 示	教 訓	言 語
國 語	話 中	手 話
生 活	活 動	

♣ 다음 한자어를 한자로 쓰세요.

소 우　고기 육	소 우　가죽 피	쓸 용　물건 건
사건 건　이름 명	아래 하　낮 오	바를 정　낮 오
허락할 허　마음 심	허락할 허　들 입	셀 계　날 일
살 생　꾀할 계	기록할 기　들 입	날 일　기록할 기
가르칠 훈　볼 시	가르칠 교　가르칠 훈	말씀 언　말씀 어
나라 국　말씀 어	말씀 화　가운데 중	손 수　말씀 화
살 생　살 활	살 활　움직일 동	

♣ 아래의 빈칸에 한자는 뜻과 음을, 뜻과 음은 한자를 쓰세요.

21~40번 형성평가

化	花	同	洞	全	
本	李	邑	色	言	牛
件	午	許	計	記	訓
語	話	活		변화할 화	꽃 화
같을 동	마을 동	온전할 전	근본 본	오얏 리	고을 읍
빛 색	말씀 언	소 우	물건 건	낮 오	허락할 허
셀 계	기록할 기	가르칠 훈	말씀 어	말씀 화	살 활

53

41

冬

겨울 동

夂 + 冫
뒤져 올 치   얼음 빙

뒤져 오면서(夂) 얼음(冫)이 어는 계절은 겨울이니

*봄, 여름, 가을, 겨울 중 가장 뒤에 오면서 얼음까지 어는 계절은 겨울이죠?

冬

- 冬天(동천) : 겨울 하늘
- 立冬(입동) : 겨울이 시작됨

42

各

각각 각

夂 + 口
뒤져 올 치   입 구

뒤져 와서(夂) 입(口)으로 하는 말이 각각 다르니

各

- 各國(각국) : 각 나라
- 各自(각자) : 각각 스스로

43

길 로

𧾷	+	各
발 족		각각 각

발(𧾷)로 각각(各) 걸어 다닐 수 있도록 만든 길

路						

- 大路(대로) : 큰길
- 車路(차로) : 찻길

44

격식 격

木	+	各
나무 목		각각 각

나무(木)를 각각(各) 격식에 맞게 사용하니

*격식 : 환경이나 형편에 어울리는 분수나 품위

格						

- 格上(격상) : 격을 높임
- 格言(격언) : 교훈이 될 만한 짧은 말

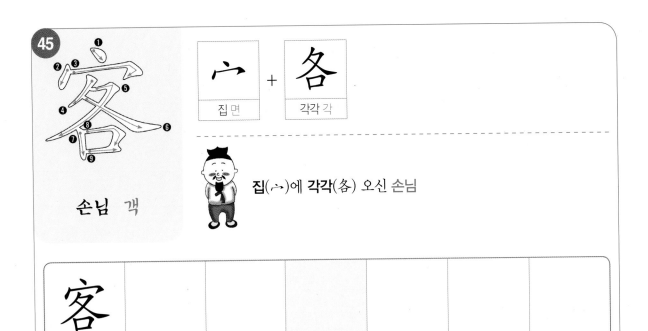

45

客

손님 객

宀	+	各
집 면		각각 각

집(宀)에 **각각**(各) 오신 손님

客					

• 主客(주객) : 주인과 손님
• 客室(객실) : 손님을 거처하게 하거나 대접하는 방

알림마당

알맞게 연결하세요.

冬 •

各 •

路 •

格 •

客 •

• 각각 각

• 손님 객

• 겨울 동

• 길 로

• 격식 격

낙서판

56

46

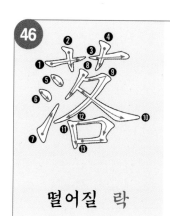

떨어질 **락**

⼳⼳	+	氵	+	各
풀 초		물 수		각각 각

풀(⼳⼳)에서 물(氵)이 각각(各) 떨어지니

*풀잎에 맺혀 있던 물방울이 각각 떨어진다는 뜻입니다.

落						

• 落下(낙하) : 떨어져 내림
• 落石(낙석) : 돌이 떨어짐

47

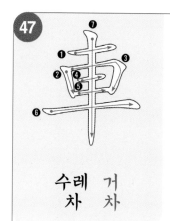

수레 거
차 차

두(二) 바퀴와 몸통(曰) 바퀴의 축(丨)을 본뜬 수레의 모양

*사람의 힘으로 움직이는 것(자전거, 인력거) ⇨ 거
*사람의 힘이 필요 없는 것(풍차, 자동차) ⇨ 차

車						

• 人力車(인력거) : 사람이 끄는 수레
• 自動車(자동차) : 바퀴를 회전시켜 도로를 달리게 만든 차

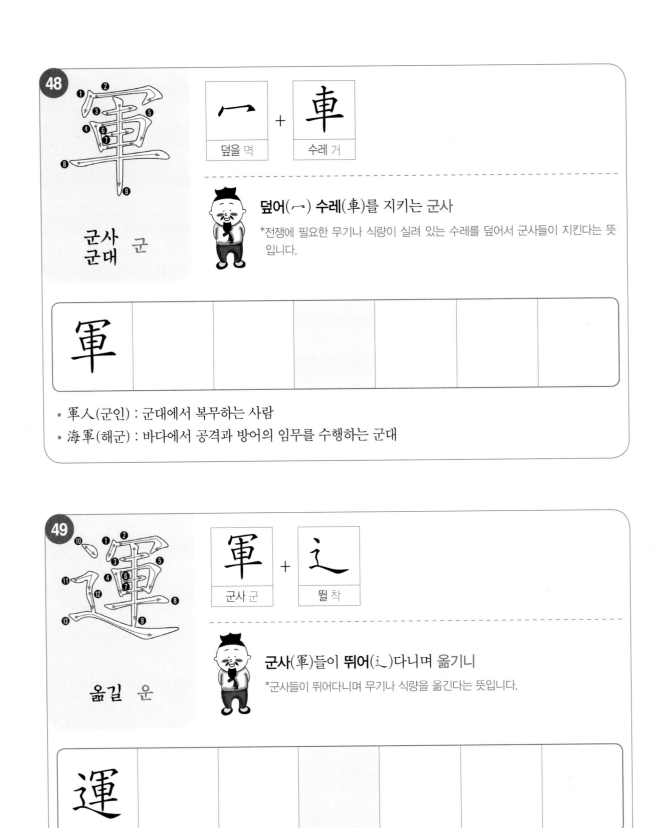

48

一
덮을 멱

+

車
수레 거

덮어(冖) 수레(車)를 지키는 군사

*전쟁에 필요한 무기나 식량이 실려 있는 수레를 덮어서 군사들이 지킨다는 뜻
입니다.

군사
군대   군

軍

• 軍人(군인) : 군대에서 복무하는 사람
• 海軍(해군) : 바다에서 공격과 방어의 임무를 수행하는 군대

49

軍
군사 군

+

辶
뛸 착

군사(軍)들이 뛰어(辶)다니며 옮기니

*군사들이 뛰어다니며 무기나 식량을 옮긴다는 뜻입니다.

옮길   운

運

• 運身(운신) : 몸을 움직임
• 運動(운동) : 몸을 단련하거나 건강을 위하여 몸을 움직이는 일

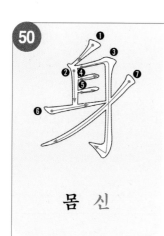

50

몸 신

 임신하여 배가 불룩한 여자가 서 있는 몸의 모양

身					

• 身長(신장) : 키
• 身上(신상) : 한 사람의 몸이나 처신

알림마당

알맞게 연결하세요.

낙서판

落 •   • 옮길 운

車 •   • 군사 군

軍 •   • 떨어질 락

運 •   • 몸 신

身 •   • 수레 거

♣ 한자 밑에 뜻과 음을 쓰고, 덮 (　　) 에는 알맞은 부수를 쓰세요.

冬
(　　　　)

뒤져 오면서(　) 얼음(　)이 어는 계절은 겨울이니

各
(　　　　)

뒤져 와서(　) 입(　)으로 하는 말이 각각 다르니

路
(　　　　)

발(　)로 각각(　) 걸어 다닐 수 있도록 만든 길

格
(　　　　)

나무(　)를 각각(　) 격식에 맞게 사용하니

客
(　　　　)

집(　)에 각각(　) 오신 손님

落
(　　　　)

풀(　)에서 물(　)이 각각(　) 떨어지니

車
(　　　　)

두(二) 바퀴와 몸통(曰) 바퀴의 축(l)을 본뜬 수레의 모양

軍
(　　　　)

덮어(　) 수레(　)를 지키는 군사

運
(　　　　)

군사(　)들이 뛰어(　)다니며 옮기니

身
(　　　　)

임신하여 배가 불룩한 여자가 서 있는 몸의 모양

♣ 숫자 순서대로 부수를 결합하여 한자를 만들고 옆에 뜻과 음을 쓰세요.

| ① 夂 ② 氵 ③ 口 ④ 足 ⑤ 各 ⑥ 木 ⑦ 宀 |

41. ① + ② =

42. ① + ③ =

43. ④ + ⑤ =

44. ⑥ + ⑤ =

45. ⑦ + ⑤ =

| ① 艹 ② 氵 ③ 各 ④ 車 ⑤ 宀 ⑥ 軍 ⑦ 辶 ⑧ 身 |

46. ① + ② + ③ =

47. ④ =

48. ⑤ + ④ =

49. ⑥ + ⑦ =

50. ⑧ =

♣ 다음 한자어의 독음을 쓰세요.

冬 天	立 冬	各 國
各 自	大 路	車 路
格 上	格 言	主 客
客 室	落 下	落 石
軍 人	海 軍	運 身
運 動	身 長	身 上

♣ 다음 한자어를 한자로 쓰세요.

겨울 동 하늘 천	설 립 겨울 동	각각 각 나라 국
각각 각 스스로 자	큰 대 길 로	차 차 길 로
격식 격 오를 상	격식 격 말씀 언	주인 주 손님 객
손님 객 방 실	떨어질 락 아래 하	떨어질 락 돌 석
군사 군 사람 인	바다 해 군대 군	옮길 운 몸 신
옮길 운 움직일 동	몸 신 길 장	몸 신 윗 상

63

51 가을 추

禾 (벼 화) + 火 (불 화)

벼(禾)를 불(火) 같은 햇빛에 말려 거두는 가을

秋						

- 秋夕(추석) : 음력 8월 15일
- 立秋(입추) : 가을이 시작됨

52 이로울 리

禾 (벼 화) + 刂 (칼 도)

벼(禾)를 칼(刂)로 베어 수확하면 이로우니

利						

- 有利(유리) : 이익이 있음
- 利己(이기) : 자신의 이익만을 꾀함

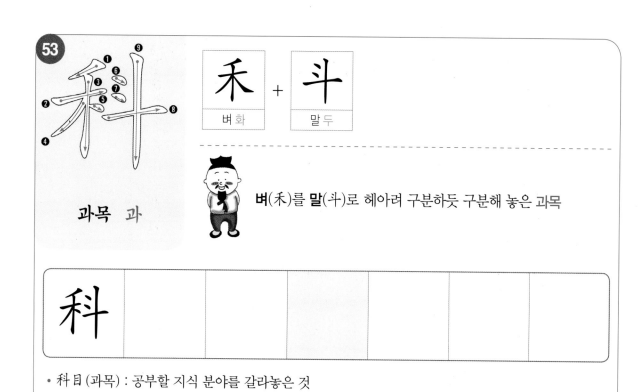

53 과목 **과**

禾 + 斗
벼 화   말 두

벼(禾)를 말(斗)로 헤아려 구분하듯 구분해 놓은 과목

科

• 科目(과목) : 공부할 지식 분야를 갈라놓은 것
• 科學(과학) : 보편적인 진리나 법칙의 발견을 목적으로 한 체계적인 지식

54 화할 **화**

禾 + 口
벼 화   입 구

벼(禾)를 수확하여 입(口)으로 먹으면 화목하니

和

• 和氣(화기) : 온화한 기색
• 和色(화색) : 얼굴에 드러나는 온화하고 환한 빛

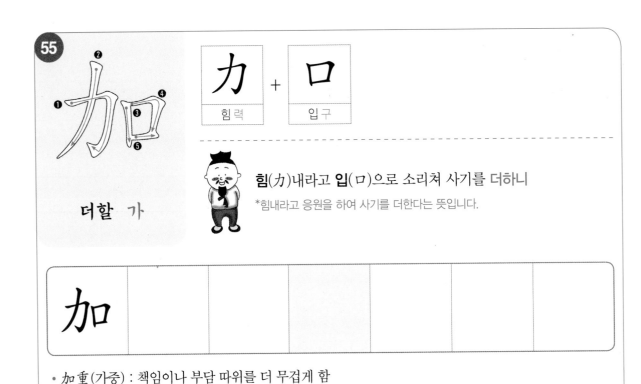

55

力 + 口

힘 력   입 구

더할 가

힘(力)내라고 **입**(口)으로 소리쳐 사기를 **더하니**

*힘내라고 응원을 하여 사기를 더한다는 뜻입니다.

加

- 加重(가중) : 책임이나 부담 따위를 더 무겁게 함
- 加工(가공) : 원자재나 반제품을 인공적으로 처리하여 새로운 제품을 만드는 일

알림
마당

알맞게 연결하세요.

秋 •

利 •

科 •

和 •

加 •

• 더할 가

• 과목 과

• 가을 추

• 화할 화

• 이로울 리

낙서판

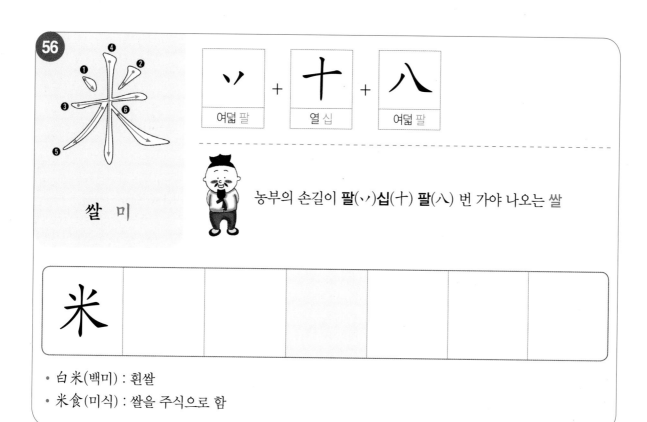

56 쌀 미

ソ 여덟팔 + 十 열십 + 八 여덟팔

농부의 손길이 **팔**(ソ)**십**(十) **팔**(八) 번 가야 나오는 쌀

米						

- 白米(백미) : 흰쌀
- 米食(미식) : 쌀을 주식으로 함

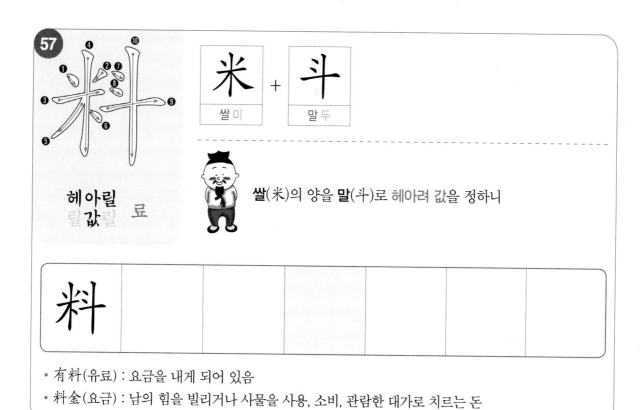

57 헤아릴 값 료

米 쌀미 + 斗 말두

쌀(米)의 양을 말(斗)로 헤아려 값을 정하니

料						

- 有料(유료) : 요금을 내게 되어 있음
- 料金(요금) : 남의 힘을 빌리거나 사물을 사용, 소비, 관람한 대가로 치르는 돈

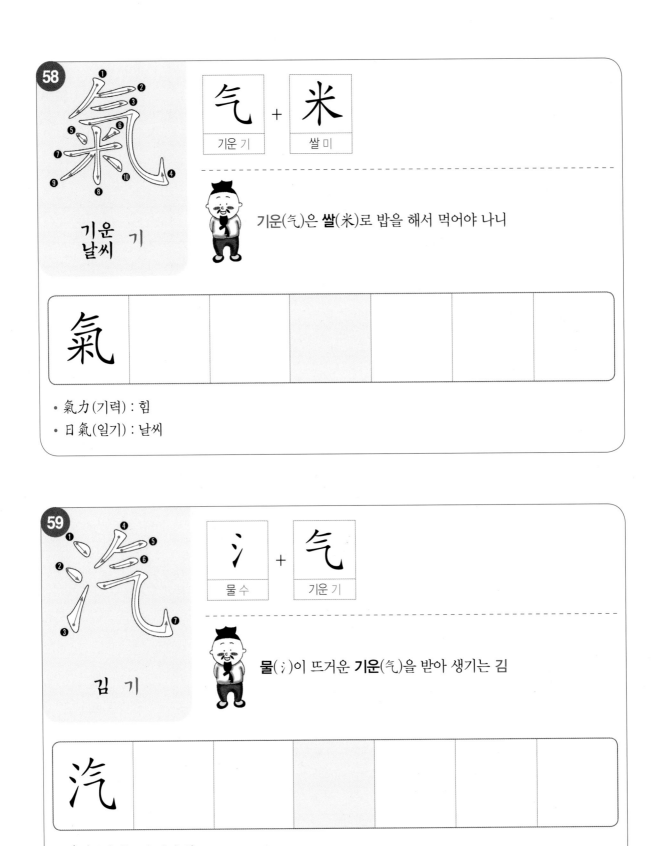

58 氣

气 (기운 기) + 米 (쌀 미)

기운
날씨 기

기운(气)은 쌀(米)로 밥을 해서 먹어야 나니

氣

• 氣力(기력) : 힘
• 日氣(일기) : 날씨

59 汽

氵 (물 수) + 气 (기운 기)

김 기

물(氵)이 뜨거운 기운(气)을 받아 생기는 김

汽

• 汽力(기력) : 증기의 힘
• 汽車(기차) : 기관차에 여객차나 화물차를 연결하여 궤도 위를 운행하는 차량

60

바람 풍

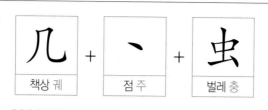

几 + 丶 + 虫

책상 궤 / 점 주 / 벌레 충

책상(几)의 점(丶) 같은 벌레(虫)도 바람이 불지를 아니

風						

• 風力(풍력) : 바람의 힘
• 東風(동풍) : 동쪽에서 불어오는 바람

알림마당

알맞게 연결하세요.

米 ·　　　　　· 김 기

料 ·　　　　　· 기운 기

氣 ·　　　　　· 쌀 미

汽 ·　　　　　· 바람 풍

風 ·　　　　　· 헤아릴 료

禾	+		=	科(과목 과)
米	+	斗	=	料(헤아릴 료)

69

♣ 한자 밑에 뜻과 음을 쓰고, 빈 (   )에는 알맞은 부수를 쓰세요.

秋
(   )

벼(   )를 불(   ) 같은 햇빛에 말려 거두는 가을

利
(   )

벼(   )를 칼(   )로 베어 수확하면 이로우니

科
(   )

벼(   )를 말(   )로 헤아려 구분하듯 구분해 놓은 과목

和
(   )

벼(   )를 수확하여 입(   )으로 먹으면 화목하니

加
(   )

힘(   )내라고 입(   )으로 소리쳐 사기를 더하니

米
(   )

농부의 손길이 팔(   )십(   ) 팔(   ) 번 가야 나오는 쌀

料
(   )

쌀(   )의 양을 말(   )로 헤아려 값을 정하니

氣
(   )

기운(   )은 쌀(   )로 밥을 해서 먹어야 나니

汽
(   )

물(   )이 뜨거운 기운(   )을 받아 생기는 김

風
(   )

책상(   )의 점(   ) 같은 벌레(   )도 바람이 불지를 아니

♣ 숫자 순서대로 부수를 결합하여 한자를 만들고 옆에 뜻과 음을 쓰세요.

| ① 禾 | ② 火 | ③ 刂 | ④ 斗 | ⑤ 口 | ⑥ 力 |

51. ① + ② =

52. ① + ③ =

53. ① + ④ =

54. ① + ⑤ =

55. ⑥ + ⑤ =

| ① 米 | ② 斗 | ③ 气 | ④ 氵 | ⑤ 几 | ⑥ 丶 | ⑦ 虫 |

56. ① =

57. ① + ② =

58. ③ + ① =

59. ④ + ③ =

60. ⑤ + ⑥ + ⑦ =

♣ 다음 한자어의 독음을 쓰세요.

秋 夕	立 秋	有 利
利 己	科 目	科 學
和 氣	和 色	加 重
加 工	白 米	米 食
有 料	料 金	氣 力
日 氣	汽 力	汽 車
風 力	東 風	

♣ 다음 한자어를 한자로 쓰세요.

_____
가을 추   저녁 석

_____
설 립   가을 추

_____
있을 유   이로울 리

_____
이로울 리   몸 기

_____
과목 과   눈 목

_____
과목 과   배울 학

_____
화할 화   기운 기

_____
화할 화   빛 색

_____
더할 가   무거울 중

_____
더할 가   만들 공

_____
흰 백   쌀 미

_____
쌀 미   먹을 식

_____
있을 유   값 료

_____
값 료   돈 금

_____
기운 기   힘 력

_____
날 일   날씨 기

_____
김 기   힘 력

_____
김 기   차 차

_____
바람 풍   힘 력

_____
동녘 동   바람 풍

♣ 아래의 빈칸에 한자는 뜻과 음을, 뜻과 음은 한자를 쓰세요.

41~60번 형성평가 冬	各	路	格	客
落	車	軍	運	身	秋
利	科	和	加	米	料
氣	汽	風		겨울 동	각각 각
길 로	격식 격	손님 객	떨어질 락	수레 거	군사 군
옮길 운	몸 신	가을 추	이로울 리	과목 과	화할 화
더할 가	쌀 미	헤아릴 료	기운 기	김 기	바람 풍

74

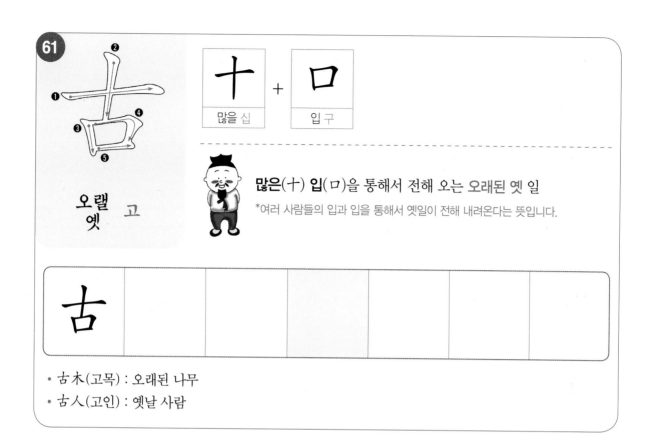

61

오랠
옛 고

十 + 口
많을 십   입 구

많은(十) 입(口)을 통해서 전해 오는 오래된 옛 일

*여러 사람들의 입과 입을 통해서 옛일이 전해 내려온다는 뜻입니다.

古						

• 古木(고목) : 오래된 나무
• 古人(고인) : 옛날 사람

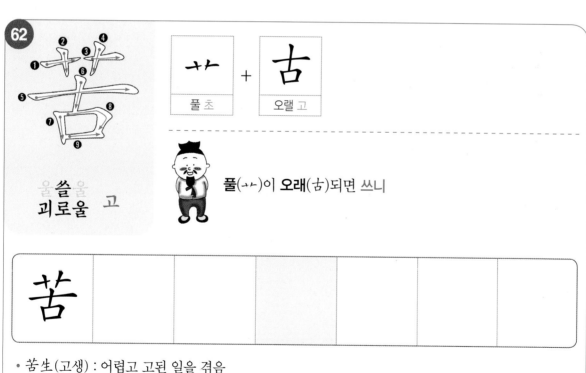

62

쓸 울
울 울
괴로울 고

艹 + 古
풀 초   오랠 고

풀(艹)이 오래(古)되면 쓰니

苦						

• 苦生(고생) : 어렵고 고된 일을 겪음
• 苦心(고심) : 몹시 애를 태우며 마음을 씀

63

굳을 이미 고

口 + 古
울타리 위 + 오랠 고

울타리(口) 안에서 오랫동안(古) 굳게 지키니

固						

- 固化(고화) : 굳어지게 함
- 固有(고유) : 본래부터 가지고 있는 특유한 것

64

나라 국

口 + 戈 + 口 + 一
울타리 위 + 창 과 + 사람 구 + 땅 일

울타리(口)를 치고 창(戈)을 들고 사람(口)과 땅(一)을 지키는 나라

國						

- 國力(국력) : 나라의 힘
- 母國(모국) : 자기가 태어난 나라

65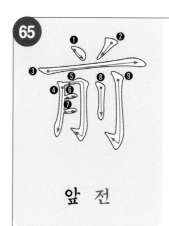

앞 전

ﾂ	+	一	+	月	+	リ
여덟 팔		한 일		몸 월		칼 도

 팔(ﾂ)방에서 하나(一)같이 몸(月)에 칼(リ)을 차고 앞서니

*팔방에서 장군들이 칼을 차고 앞서 나간다는 뜻입니다.

前					

• 前方(전방) : 앞쪽
• 生前(생전) : 살아 있는 동안

알림마당

알맞게 연결하세요.

낙서판

古 •

苦 •

固 •

國 •

前 •

• 굳을 고

• 오랠 고

• 나라 국

• 앞 전

• 쓸 고

66

姓

성 성

女 + 生
여자 녀   날 생

여자(女)가 아기를 **낳으면**(生) 성이 붙으니

*여자가 아기를 낳으면 아기에게 성과 이름이 생긴다는 뜻입니다.

姓					

• 姓氏(성씨) : 성
• 姓名(성명) : 성과 이름

67

性

성품 성

忄 + 生
마음 심   날 생

마음(忄)에서 **나오는**(生) 성품

性					

• 人性(인성) : 사람의 성품
• 性格(성격) : 개인이 가지고 있는 고유의 성질이나 품성

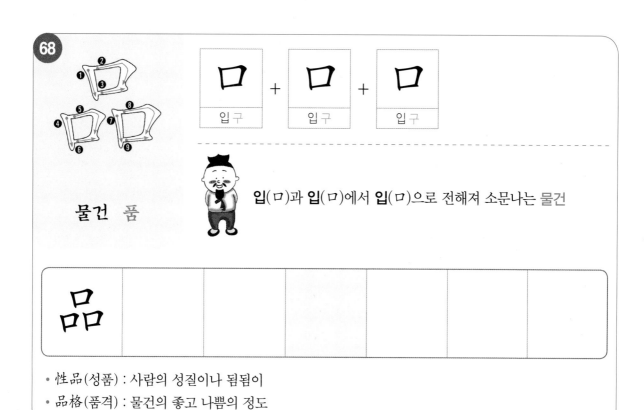

68

물건 품

口 + 口 + 口
입구　입구　입구

입(口)과 입(口)에서 입(口)으로 전해져 소문나는 물건

品					

- 性品(성품) : 사람의 성질이나 됨됨이
- 品格(품격) : 물건의 좋고 나쁨의 정도

69

구분할 구

匚 + 品
상자 방　물건 품

상자(匚)에 물건(品)을 넣어 구분하니

區					

- 區分(구분) : 따로따로 갈라 나눔
- 區間(구간) : 어떤 지점과 다른 지점과의 사이

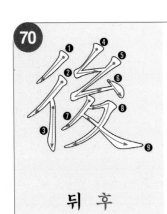

70

뒤 후

彳	+	幺	+	夊
걸을 척		어릴 요		천천히 걸을 쇠

걸어서(彳) 어린(幺)아이가 **천천히 걸어**(夊) 뒤따라오니

後						

- 前後(전후) : 앞과 뒤
- 後食(후식) : 식사 뒤에 먹는 과일이나 아이스크림 따위의 간단한 음식

알림마당

알맞게 연결하세요.

姓 •   • 물건 품

性 •   • 성품 성

品 •   • 뒤 후

區 •   • 성 성

後 •   • 구분할 구

女	+		=	姓(성 성)
忄	+	生	=	性(성품 성)

♣ 한자 밑에 뜻과 음을 쓰고, 옆 (   )에는 알맞은 부수를 쓰세요.

古
(   )
많은(   ) 입(   )을 통해서 전해 오는 오래된 옛 일

苦
(   )
풀(   )이 오래(   )되면 쓰니

固
(   )
울타리(   ) 안에서 오랫동안(   ) 굳게 지키니

國
(   )
울타리(   )를 치고 창(   )을 들고 사람(   )과 땅(   )을 지키는 나라

前
(   )
팔(   )방에서 하나(   )같이 몸(   )에 칼(   )을 차고 앞서니

姓
(   )
여자(   )가 아기를 낳으면(   ) 성이 붙으니

性
(   )
마음(   )에서 나오는(   ) 성품

品
(   )
입(   )과 입(   )에서 입(   )으로 전해져 소문나는 물건

區
(   )
상자(   )에 물건(   )을 넣어 구분하니

後
(   )
걸어서(   ) 어린(   )아이가 천천히 걸어(   ) 뒤따라오니

♣ 숫자 순서대로 부수를 결합하여 한자를 만들고 옆에 뜻과 음을 쓰세요.

---

① 十　② 口　③ 艹　④ 古　⑤ 戈　⑥ 一　⑦ ⷄ
⑧ 月　⑨ 刂

---

61. ① + ② =

62. ③ + ④ =

63. ② + ④ =

64. ② + ⑤ + ② + ⑥ =

65. ⑦ + ⑥ + ⑧ + ⑨ =

---

① 女　② 生　③ 忄　④ 口　⑤ 匸　⑥ 品　⑦ 亻
⑧ 幺　⑨ 夂

---

66. ① + ② =

67. ③ + ② =

68. ④ + ④ + ④ =

69. ⑤ + ⑥ =

70. ⑦ + ⑧ + ⑨ =

♣ 다음 한자어의 독음을 쓰세요.

古 木	古 人	苦 生
苦 心	固 化	固 有
國 力	母 國	前 方
生 前	姓 氏	姓 名
人 性	性 格	性 品
品 格	區 分	區 間
前 後	後 食	

♣ 다음 한자어를 한자로 쓰세요.

| 오랠 고 | 나무 목 | | 옛 고 | 사람 인 | | 괴로울 고 | 살 생 |

| 괴로울 고 | 마음 심 | | 굳을 고 | 변화할 화 | | 이미 고 | 있을 유 |

| 나라 국 | 힘 력 | | 어미 모 | 나라 국 | | 앞 전 | 사방 방 |

| 살 생 | 앞 전 | | 성 성 | 성 씨 | | 성 성 | 이름 명 |

| 사람 인 | 성품 성 | | 성품 성 | 격식 격 | | 성품 성 | 물건 품 |

| 물건 품 | 격식 격 | | 구분할 구 | 나눌 분 | | 구분할 구 | 사이 간 |

| 앞 전 | 뒤 후 | | 뒤 후 | 먹을 식 |

84

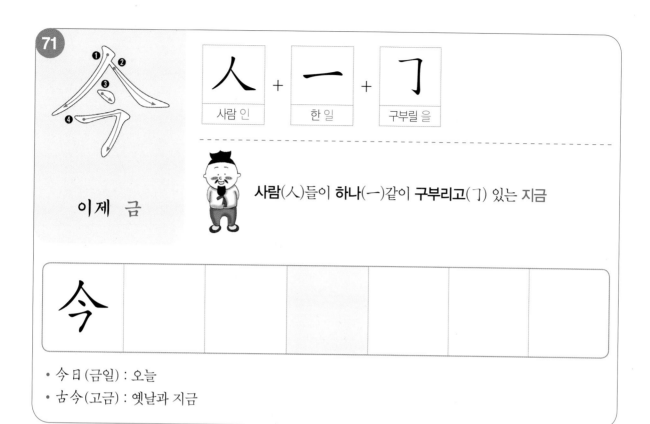

| 人 + 一 + ㄱ |
| 사람 인 / 한 일 / 구부릴 을 |

이제 금

사람(人)들이 하나(一)같이 구부리고(ㄱ) 있는 지금

今						

• 今日(금일) : 오늘
• 古今(고금) : 옛날과 지금

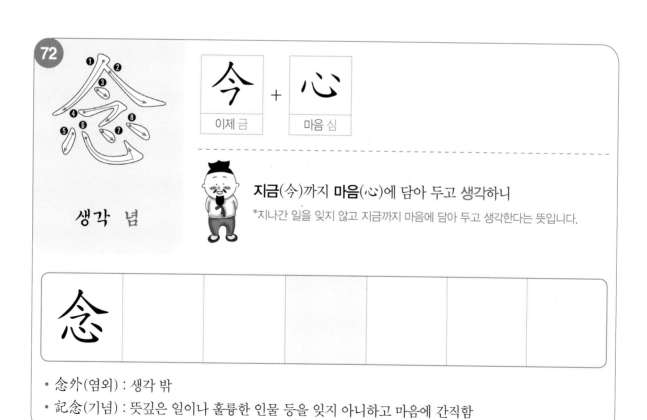

| 今 + 心 |
| 이제 금 / 마음 심 |

생각 념

지금(今)까지 마음(心)에 담아 두고 생각하니

*지나간 일을 잊지 않고 지금까지 마음에 담아 두고 생각한다는 뜻입니다.

念						

• 念外(염외) : 생각 밖
• 記念(기념) : 뜻깊은 일이나 훌륭한 인물 등을 잊지 아니하고 마음에 간직함

73

人 + 一 + 口

사람 인 / 한 일 / 입 구

합할 **합**

사람(人)들이 하나(一)로 입(口)을 합하니

*사람들이 의견을 하나로 모았다는 뜻입니다.

合

• 合心(합심) : 마음을 합함
• 合力(합력) : 흩어진 힘을 한데 모음

74

竹 + 合

대 죽 / 합할 합

대답할 **답**

대(竹)쪽을 합하여(合) 글을 써 대답하니

*종이가 발명되기 전에는 대를 쪼개어 조각을 엮어서 그 위에 글을 쓰고 하였습니다.

答

• 問答(문답) : 물음과 대답
• 答信(답신) : 회답으로 통신이나 서신을 보냄

75

糸 + 合
실 사 합할 합

줄 급

실(糸)을 **합하여**(合) 넉넉하게 주니

給					

- 給食(급식) : 밥을 줌
- 月給(월급) : 한 달을 단위로 하여 지급하는 돈

알림마당

알맞게 연결하세요.

今 •
念 •
合 •
答 •
給 •

• 합할 합
• 이제 금
• 생각 념
• 줄 급
• 대답할 답

낙서판

76 씻을 세

氵 물 수 + 先 먼저 선

물(氵)로 먼저(先) 씻으니

洗

• 洗面(세면) : 얼굴을 씻음
• 洗車(세차) : 자동차를 씻음

77 목욕할 옥

氵 물 수 + 谷 골짜기 곡

물(氵)이 있는 골짜기(谷)에서 목욕하니

浴

• 入浴(입욕) : 목욕탕에 들어감
• 浴室(욕실) : 목욕할 수 있는 방

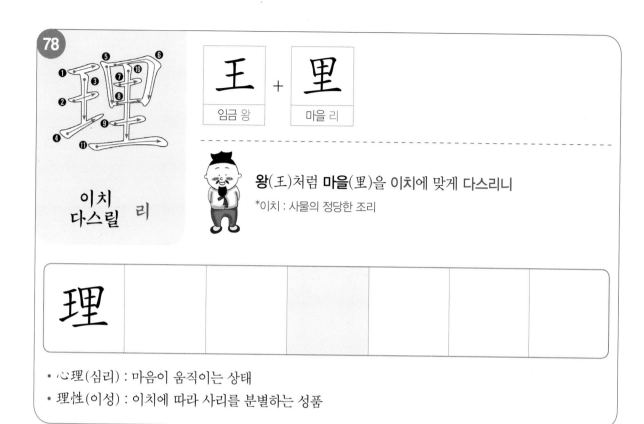

78

理 이치 다스릴 리

王 임금 왕 + 里 마을 리

왕(王)처럼 마을(里)을 이치에 맞게 다스리니

*이치 : 사물의 정당한 조리

理						

• 心理(심리) : 마음이 움직이는 상태
• 理性(이성) : 이치에 따라 사리를 분별하는 성품

79

現 나타날 지금 현

王 임금 왕 + 見 볼 견

왕(王)을 보려고(見) 나타나니

*왕을 보려고 사람들이 나타난다는 뜻입니다.

現						

• 現住(현주) : 현재 머물러 삶
• 現品(현품) : 현재 있는 물품

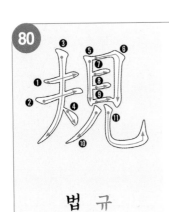

80

規

법 규

夫 + 見

사내 부　　볼 견

사내(夫)는 세상을 볼(見) 때 바른 **법도**에 따라야 하니

*밖에서 일하는 사내는 바르게 보는 판단력을 가져야 한다는 뜻입니다.

規						

• 內規(내규) : 내부의 규칙
• 規格(규격) : 일정한 규정에 들어맞는 격식

알림마당

알맞게 연결하세요.

洗 ·

浴 ·

理 ·

現 ·

規 ·

· 다스릴 리

· 씻을 세

· 법 규

· 목욕할 욕

· 나타날 현

낙서판

♣ 한자 밑에 뜻과 음을 쓰고, 옆 (   )에는 알맞은 부수를 쓰세요.

今
(   )

사람(   )들이 하나(   )같이 **구부리고**(   ) 있는 지금

念
(   )

지금(   )까지 **마음**(   )에 담아 두고 생각하니

合
(   )

사람(   )들이 하나(   )로 **입**(   )을 합하니

答
(   )

대(   )쪽을 **합하여**(   ) 글을 써 대답하니

給
(   )

실(   )을 **합하여**(   ) 넉넉하게 주니

洗
(   )

물(   )로 **먼저**(   ) 씻으니

浴
(   )

물(   )이 있는 **골짜기**(   )에서 목욕하니

理
(   )

왕(   )처럼 **마을**(   )을 이치에 맞게 다스리니

現
(   )

왕(   )을 **보려고**(   ) 나타나니

規
(   )

사내(   )는 세상을 **볼**(   ) 때 바른 법도에 따라야 하니

♣ 숫자 순서대로 부수를 결합하여 한자를 만들고 옆에 뜻과 음을 쓰세요.

① 今 ② 心 ③ 人 ④ 一 ⑤ 口 ⑥ 竹 ⑦ 合 ⑧ 糸

71. ① =

72. ① + ② =

73. ③ + ④ + ⑤ =

74. ⑥ + ⑦ =

75. ⑧ + ⑦ =

① 氵 ② 先 ③ 谷 ④ 王 ⑤ 里 ⑥ 見 ⑦ 夫

76. ① + ② =

77. ① + ③ =

78. ④ + ⑤ =

79. ④ + ⑥ =

80. ⑦ + ⑥ =

今 日

記 念

問 答

月 給

入 浴

理 性

內 規

古 今

合 心

答 信

洗 面

浴 室

現 住

規 格

念 外

合 力

給 食

洗 車

心 理

現 品

♣ 다음 한자어를 한자로 쓰세요.

이제 금	날 일		옛 고	이제 금		생각 념	바깥 외
기록할 기	생각 념		합할 합	마음 심		합할 합	힘 력
물을 문	대답할 답		대답할 답	믿을 신		줄 급	밥 식
달 월	줄 급		씻을 세	얼굴 면		씻을 세	차 차
들 입	목욕할 욕		목욕할 욕	방 실		마음 심	이치 리
이치 리	성품 성		지금 현	살 주		지금 현	물건 품
안 내	법 규		법 규	격식 격			

♣ 아래의 빈칸에 한자는 뜻과 음을, 뜻과 음은 한자를 쓰세요.

61~80번 형성평가 古	苦	固	國	前	
姓	性	品	區	後	今
念	合	答	給	洗	浴
理	現	規		오랠 고	쓸 고
굳을 고	나라 국	앞 전	성 성	성품 성	물건 품
구분할 구	뒤 후	이제 금	생각 념	합할 합	대답할 답
줄 급	씻을 세	목욕할 옥	다스릴 리	나타날 현	법 규

95

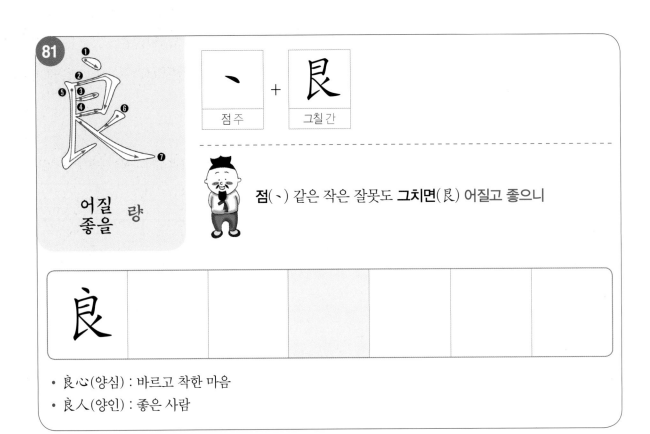

81

丶 + 艮
점주   그칠간

점(丶) 같은 작은 잘못도 **그치면**(艮) 어질고 좋으니

어질
좋을 량

良

良						

• 良心(양심) : 바르고 착한 마음
• 良人(양인) : 좋은 사람

82

良 + 月
좋을량   달월

보기 **좋게**(良) 달(月)이 밝으니

밝을 랑

朗

朗						

• 朗月(낭월) : 밝은 달
• 明朗(명랑) : 밝고 환함

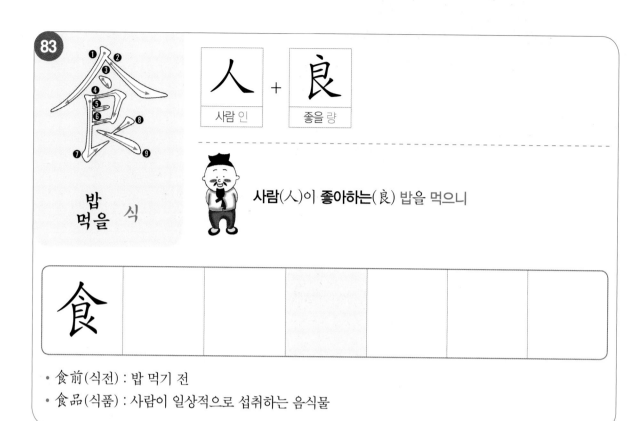

83

밥 먹을 **식**

人 (사람 인) + 良 (좋을 량)

사람(人)이 좋아하는(良) 밥을 먹으니

食

• 食前(식전) : 밥 먹기 전
• 食品(식품) : 사람이 일상적으로 섭취하는 음식물

84

마실 **음**

侴 (밥 식) + 欠 (입 벌릴 흠)

밥(侴) 먹듯 입 벌려(欠) 마시니

飲

• 飲用(음용) : 마시는 데 씀
• 飲食(음식) : 먹고 마시는 것

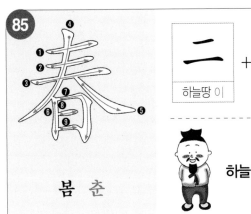

85 봄 춘

二	+	大	+	日
하늘땅 이		큰 대		해 일

하늘땅(二)에 크게(大) 해(日)가 비추는 봄

春						

- 春風(춘풍) : 봄바람
- 春秋(춘추) : 봄가을

알림마당

알맞게 연결하세요.

낙서판

良 ·

朗 ·

食 ·

飲 ·

春 ·

· 봄 춘

· 밝을 랑

· 좋을 량

· 밥 식

· 마실 음

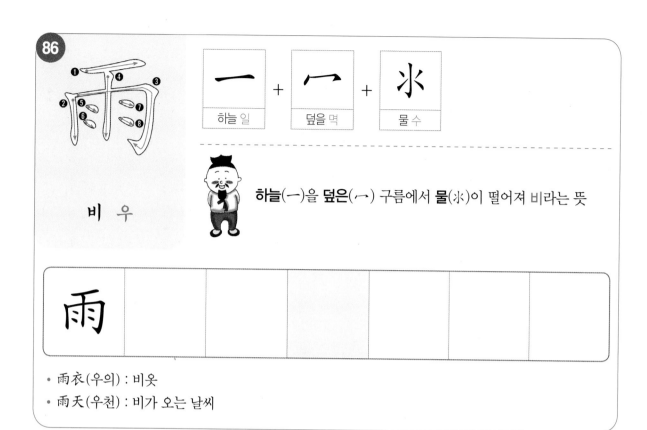

비 우

一 하늘 일 + 冖 덮을 멱 + 氺 물 수

하늘(一)을 덮은(冖) 구름에서 물(氺)이 떨어져 비라는 뜻

雨					

- 雨衣(우의) : 비옷
- 雨天(우천) : 비가 오는 날씨

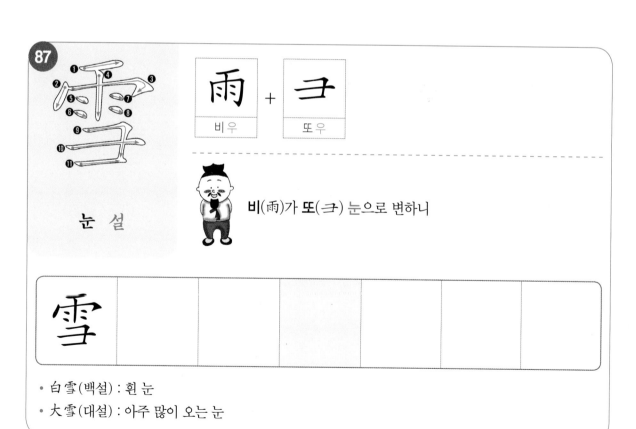

눈 설

雨 비 우 + 彐 또 우

비(雨)가 또(彐) 눈으로 변하니

雪					

- 白雪(백설) : 흰 눈
- 大雪(대설) : 아주 많이 오는 눈

88

번개
전기 전

雨 + 日 + し
비 우 · 말할 왈 · 구부릴 을

비(雨) 올 때 말(日)하듯 번쩍이며 **구부리고**(し) 치는 번개
*번개는 비 올 때 소리 내어 번쩍하고 치죠?

電

• 電火(전화) : 번갯불
• 電動(전동) : 전기로 움직임

89

구름 운

雨 + 二 + ム
비 우 · 하늘땅 이 · 사사로울 사

비(雨) 올 것을 **하늘땅**(二)에 **사사로이**(ム) 알려 주는 구름
*하늘에 구름이 끼면 비가 올 것을 미리 알 수 있죠?

雲

• 白雲(백운) : 흰 구름
• 雲海(운해) : 구름이 덮인 바다

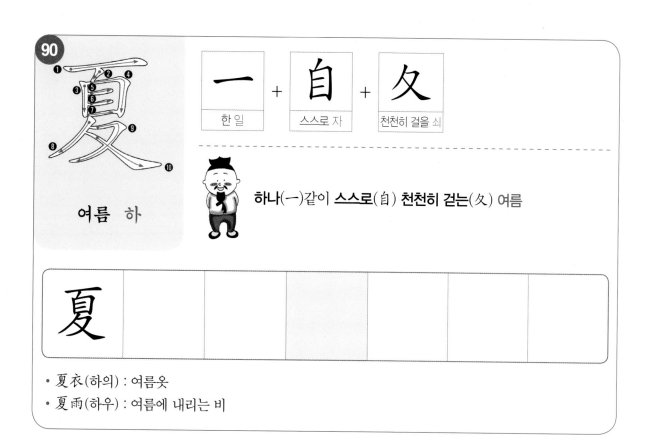

90 夏
여름 하

一 + 自 + 夊
한 일　스스로 자　천천히 걸을 쇠

하나(一)같이 **스스로**(自) **천천히 걷는**(夊) 여름

夏						

• 夏衣(하의) : 여름옷
• 夏雨(하우) : 여름에 내리는 비

· · · · · · · **알림마당** · · · · · ·

알맞게 연결하세요.

낙서판

雨 ·　　　· 구름 운

雪 ·　　　· 비 우

電 ·　　　· 눈 설

雲 ·　　　· 여름 하

夏 ·　　　· 번개 전

♣ 한자 밑에 뜻과 음을 쓰고, 빈 (   )에는 알맞은 부수를 쓰세요.

良
(   )

점(   ) 같은 작은 잘못도 **그치면**(   ) 어질고 좋으니

朗
(   )

보기 **좋게**(   ) 달(   )이 밝으니

食
(   )

사람(   )이 **좋아하는**(   ) 밥을 먹으니

飮
(   )

밥(   ) 먹듯 **입 벌려**(   ) 마시니

春
(   )

하늘땅(   )에 **크게**(   ) 해(   )가 비추는 봄

雨
(   )

하늘(   )을 **덮은**(   ) 구름에서 **물**(   )이 떨어져 비라는 뜻

雪
(   )

비(   )가 **또**(   ) 눈으로 변하니

電
(   )

비(   ) 올 때 말(   )하듯 번쩍이며 **구부리고**(   ) 치는 번개

雲
(   )

비(   ) 올 것을 **하늘땅**(   )에 **사사로이**(   ) 알려 주는 구름

夏
(   )

하나(   )같이 **스스로**(   ) **천천히 걷는**(   ) 여름

♣ 숫자 순서대로 부수를 결합하여 한자를 만들고 옆에 뜻과 음을 쓰세요.

① 丶　② 艮　③ 良　④ 月　⑤ 人　⑥ 倉　⑦ 欠
⑧ 二　⑨ 大　⑩ 日

81. ① + ② =

82. ③ + ④ =

83. ⑤ + ③ =

84. ⑥ + ⑦ =

85. ⑧ + ⑨ + ⑩ =

① 雨　② 크　③ 曰　④ ㄴ　⑤ 二　⑥ ム　⑦ 一
⑧ 自　⑨ 夂

86. ① =

87. ① + ② =

88. ① + ③ + ④ =

89. ① + ⑤ + ⑥ =

90. ⑦ + ⑧ + ⑨ =

♣ 다음 한자어의 독음을 쓰세요.

良 心	良 人	朗 月
明 朗	食 前	食 品
飮 用	飮 食	春 風
春 秋	雨 衣	雨 天
白 雪	大 雪	電 火
電 動	白 雲	雲 海
夏 衣	夏 雨	

♣ 다음 한자어를 한자로 쓰세요.

어질 량   마음 심   좋을 량   사람 인   밝을 랑   달 월

밝을 명   밝을 랑   먹을 식   앞 전   먹을 식   물건 품

마실 음   쓸 용   마실 음   먹을 식   봄 춘   바람 풍

봄 춘   가을 추   비 우   옷 의   비 우   하늘 천

흰 백   눈 설   큰 대   눈 설   번개 전   불 화

전기 전   움직일 동   흰 백   구름 운   구름 운   바다 해

여름 하   옷 의   여름 하   비 우

105

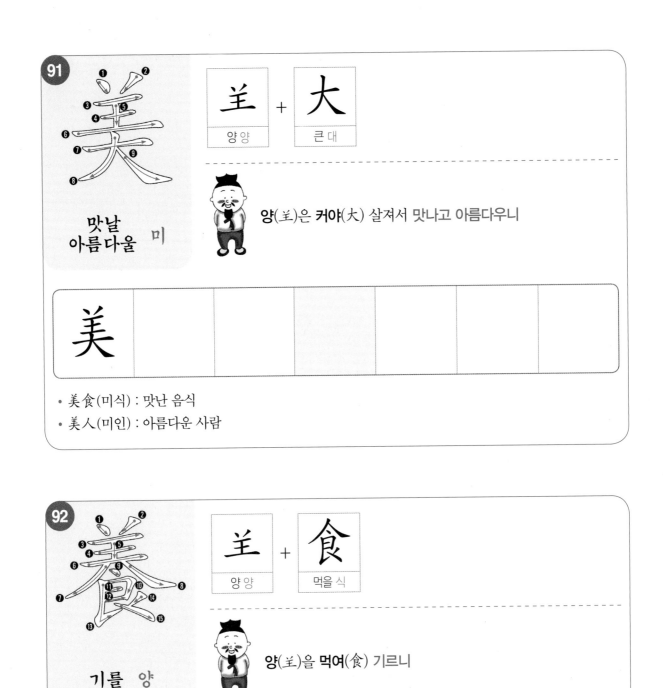

91

羊 (양양) + 大 (큰 대)

맛날
아름다울 미

양(羊)은 커야(大) 살져서 맛나고 아름다우니

美

- 美食(미식) : 맛난 음식
- 美人(미인) : 아름다운 사람

92

羊 (양양) + 食 (먹을 식)

기를 양

양(羊)을 먹여(食) 기르니

養

- 養分(양분) : 영양이 되는 성분
- 養老(양로) : 늙은이를 안락하게 지내도록 받듦

93

樂

즐거울
노래   락
좋아할   악
     요

白 + 幺 + 幺 + 木
흰 백   작을 요   작을 요   나무 목

흰(白) 작고(幺) 작은(幺) 나무(木)로 장단을 치며 즐겁게 노래하며 좋아하니

*북채나 장구채 등으로 장단을 치며 즐겁게 노래하죠?

樂					

- 苦樂(고락) : 괴로움과 즐거움
- 國樂(국악) : 나라의 고유한 음악

94

藥

약 약

艹 + 樂
풀 초   좋아할 요

풀(艹) 중에서 좋은(樂) 약초

*옛날에는 아프거나 병이 생기면 약초를 먹고 나았죠?

藥					

- 藥用(약용) : 약으로 씀
- 名藥(명약) : 효험이 좋아 이름난 약

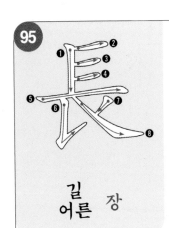

95

길
어른 장

 긴 머리를 나부끼고 서 있는 어른의 모양

長						

- 長大(장대) : 길고 큼
- 長身(장신) : 키가 큰 몸

알림마당

알맞게 연결하세요.

낙서판

美 •

養 •

樂 •

藥 •

長 •

• 약 약

• 즐거울 락

• 아름다울 미

• 길 장

• 기를 양

96 물고기 어

ㄆ (쌀 포) + 田 (밭 전) + 灬 (불 화)

싸서(ㄆ) 밭(田)에서 불(灬)에 구워 먹는 물고기의 모양

魚

• 大魚(대어) : 큰 물고기
• 魚肉(어육) : 생선과 짐승의 고기

97 고기 잡을 어

氵 (물 수) + 魚 (물고기 어)

물(氵)에서 물고기(魚)를 잡으니

漁

• 出漁(출어) : 물고기를 잡으러 나감
• 漁夫(어부) : 물고기 잡이를 직업으로 하는 사람

98 青 푸를 젊을 청

主 날 생 + 丹 붉을 단

봄에 싹이 **나면**(主) 땅이 **붉은**(丹)빛에서 **푸른**빛으로 변하니

青						

- 青山(청산) : 푸른 산
- 青年(청년) : 젊은 사람

99 清 맑을 깨끗할 청

氵 물 수 + 青 푸를 청

물(氵)이 **푸른**(青)빛이 날 정도로 맑고 깨끗하니

清						

- 清水(청수) : 맑은 물
- 清白(청백) : 재물에 대한 욕심이 없이 곧고 깨끗함

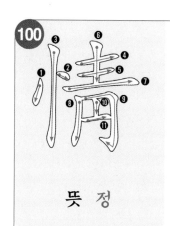

뜻 정

小	+	靑
마음 심		젊을 청

 마음(忄)에 젊은(靑)이가 품은 뜻

情					

- 多情(다정) : 정이 많음
- 人情(인정) : 사람이 본래 가지고 있는 감정

알림마당

알맞게 연결하세요.

魚 •　　　　　　　• 고기 잡을 어

漁 •　　　　　　　• 푸를 청

靑 •　　　　　　　• 맑을 청

淸 •　　　　　　　• 뜻 정

情 •　　　　　　　• 물고기 어

氵	+	靑	= 淸(맑을 청)
忄	+		= 情(뜻 정)

111

♣ 한자 밑에 뜻과 음을 쓰고, 옆 (   )에는 알맞은 부수를 쓰세요.

美
(   )

양(   )은 커야(   ) 살쪄서 맛나고 아름다우니

養
(   )

양(   )을 먹여(   ) 기르니

樂
(   )

흰(   ) 작고(   ) 작은(   ) 나무(   )로 장단을 치며 즐겁게 노래하며 좋아하니

藥
(   )

풀(   ) 중에서 좋은(   ) 약초

長
(   )

긴 머리를 나부끼고 서 있는 어른의 모양

魚
(   )

싸서(   ) 밭(   )에서 불(   )에 구워 먹는 물고기의 모양

漁
(   )

물(   )에서 물고기(   )를 잡으니

靑
(   )

봄에 싹이 나면(   ) 땅이 붉은(   )빛에서 푸른빛으로 변하니

淸
(   )

물(   )이 푸른(   )빛이 날 정도로 맑고 깨끗하니

情
(   )

마음(   )에 젊은(   )이가 품은 뜻

112

♣ 숫자 순서대로 부수를 결합하여 한자를 만들고 옆에 뜻과 음을 쓰세요.

① 羊 ② 大 ③ 食 ④ 白 ⑤ 幺 ⑥ 木 ⑦ 艹

⑧ 樂 ⑨ 長

91. ① + ② =

92. ① + ③ =

93. ④ + ⑤ + ⑤ + ⑥ =

94. ⑦ + ⑧ =

95. ⑨ =

① 魚 ② 氵 ③ 青 ④ 忄

96. ① =

97. ② + ① =

98. ③ =

99. ② + ③ =

100. ④ + ③ =

♣ 다음 한자어의 독음을 쓰세요.

美食	美人	養分
養老	苦樂	國樂
藥用	名藥	長大
長身	大魚	魚肉
出漁	漁夫	青山
青年	清水	清白
多情	人情	

♣ 다음 한자어를 한자로 쓰세요.

맛날 미   밥 식   아름다울 미 사람 인   기를 양   나눌 분

기를 양   늙을 로   괴로울 고   즐거울 락   나라 국   노래 악

약 약   쓸 용   이름날 명   약 약   길 장   큰 대

길 장   몸 신   큰 대   물고기 어   물고기 어   고기 육

나갈 출   고기 잡을 어   고기 잡을 어 사내 부   푸를 청   산 산

젊을 청   나이 년   맑을 청   물 수   깨끗할 청   흰 백

많을 다   뜻 정   사람 인   뜻 정

115

♣ 아래의 빈칸에 한자는 뜻과 음을, 뜻과 음은 한자를 쓰세요.

81~100번 형성평가	良	朗	食	飮	春
雨	雪	電	雲	夏	美
養	樂	藥	長	魚	漁
青	清	情		좋을 량	밝을 랑
밥 식	마실 음	봄 춘	비 우	눈 설	번개 전
구름 운	여름 하	아름다울 미	기를 양	즐거울 락	약 약
길 장	물고기 어	고기 잡을 어	푸를 청	맑을 청	뜻 정

종합 평가

뜻과 음은
한자를 쓰세요.

빈칸에 한자는
뜻과 음을

友	有	左	右	石	川
州	分	公	共	士	仕
仙	位	不	王	主	住
注	足		벗 우	있을 유	왼쪽 좌
오른쪽 우	돌 석	내 천	고을 주	나눌 분	공평할 공
함께 공	선비 사	벼슬 사	신선 선	자리 위	아닐 불
임금 왕	주인 주	살 주	부을 주	발 족	

化	花	同	洞	全	本
李	邑	色	言	牛	件
午	許	計	記	訓	語

話	活		변화할 화	꽃 화	같을 동
마을 동	온전할 전	근본 본	오얏 리	고을 읍	빛 색
말씀 언	소 우	물건 건	낮 오	허락할 허	셀 계
기록할 기	가르칠 훈	말씀 어	말씀 화	살 활	

冬	各	路	格	客	落
車	軍	運	身	秋	利
科	和	加	米	料	氣
汽	風				

			겨울 동	각각 각	길 로
격식 격	손님 객	떨어질 락	수레 거	군사 군	옮길 운
몸 신	가을 추	이로울 리	과목 과	화할 화	더할 가
쌀 미	헤아릴 료	기운 기	김 기	바람 풍	

古	苦	固	國	前	姓
性	品	區	後	今	念
合	答	給	洗	浴	理

現	規				
			오랠 고	쓸 고	굳을 고

나라 국	앞 전	성 성	성품 성	물건 품	구분할 구

뒤 후	이제 금	생각 념	합할 합	대답할 답	줄 급

씻을 세	목욕할 옥	다스릴 리	나타날 현	법 규

良	朗	食	飮	春	雨
雪	電	雲	夏	美	養
樂	藥	長	魚	漁	靑
清	情				

			좋을 량	밝을 랑	밥 식
마실 음	봄 춘	비 우	눈 설	번개 전	구름 운
여름 하	아름다울 미	기를 양	즐거울 락	약 약	길 장
물고기 어	고기 잡을 어	푸를 청	맑을 청	뜻 정	

122

한자를 나누고 자원을 쓰면서 공부하는
마법 술술한자 시리즈!

- 새로운 뜻과 새로운 모양의 마법 술술한자 부수로 이해하기 쉽게 자원 풀이를 하였습니다.

- 한자를 나누고 자원을 쓰면서 공부하면 만들어진 원리를 이해하여 쉽게 익힐 수 있습니다.

- 자원 풀이를 보면서 쓰기 연습을 하고, 모양이 비슷한 한자들을 비교하며 공부할 수 있습니다.

- 다양한 확인학습, 50자 단위의 형성평가, 끝에는 종합평가를 두어 실력을 점검할 수 있습니다.

- 풍부한 보충설명 및 다양한 형식의 평가로 개별 학습이 용이하여 선생님이 편합니다.

- 문장을 통하여 단어를 익히도록 예문을 실었으며, 8급과 7급은 한자카드를 수록하였습니다.

- **마법 술술한자 1** (새 뜻과 새 모양 부수) | 박두수 지음
- **마법 술술한자 2** (한자능력검정시험 8급) | 박두수 지음
- **마법 술술한자 3** (한자능력검정시험 7급) | 박두수 지음
- **마법 술술한자 4** (한자능력검정시험 6급) | 박두수 지음
- **마법 술술한자 5** (한자능력검정시험 5급) | 박두수 지음
- **마법 술술한자 6** (한자능력검정시험 4Ⅱ) | 박두수 지음
- **마법 술술한자 7** (한자능력검정시험 4급) | 박두수 지음
- **마법 술술한자 8** (한자능력검정시험 3Ⅱ) | 박두수 지음
- **마법 술술한자 9** (한자능력검정시험 3급) | 박두수 지음

중앙에듀북스 Joongang Edubooks Publishing Co.
중앙경제평론사 | 중앙생활사 Joongang Economy Publishing Co./Joongang Life Publishing Co.

중앙에듀북스는 폭넓은 지식교양을 함양하고 미래를 선도한다는 신념 아래 설립된 교육 · 학습서 전문 출판사로서
우리나라와 세계를 이끌고 갈 청소년들에게 꿈과 희망을 주는 책을 발간하고 있습니다.

초등 방과 후 한자

초판 1쇄 인쇄 | 2017년 2월 12일
초판 1쇄 발행 | 2017년 2월 17일

지은이 | 박두수(Dusu Park)
펴낸이 | 최점옥(Jeomog Choi)
펴낸곳 | 중앙에듀북스(Joongang Edubooks Publishing Co.)

대　　표 | 김용주
책임편집 | 정수정
본문디자인 | 박근영

출력 | 현문자현　종이 | 한솔PNS　인쇄 · 제본 | 현문자현

잘못된 책은 구입한 서점에서 교환해드립니다.
가격은 표지 뒷면에 있습니다.

ISBN 978-89-94465-34-0(63700)

등록 | 2008년 10월 2일 제2-4993호
주소 | ⊕ 04590 서울시 중구 다산로20길 5(신당4동 340-128) 중앙빌딩
전화 | (02)2253-4463(代)　팩스 | (02)2253-7988
홈페이지 | www.japub.co.kr 블로그 | http://blog.naver.com/japub
페이스북 | https://www.facebook.com/japub.co.kr 이메일 | japub@naver.com
♣ 중앙에듀북스는 중앙경제평론사 · 중앙생활사와 자매회사입니다.

중앙
북샵
www.**japub**.co.kr
전화주문 : 02) 2253 - 4463

중앙에듀북스에서는 여러분의 소중한 원고를 기다리고 있습니다. 원고 투고는 이메일을 이용해주세요. 최선을 다해
독자들에게 사랑받는 양서로 만들어 드리겠습니다. **이메일** | japub@naver.com